富貴險中求

斜槓核心的價值競爭力

陳之凡 著

目錄

推薦序

公勝保險經紀人 總經理 蔡聖威

第一次接觸之凡的時候，就明顯感受到他鮮明的個人色彩，尤其只要一站上台，立馬就能展現出強大的舞台魅力。裝扮沉穩但有特色、年輕又有自信、高傲中帶點驕氣，對有些人來說可能會覺得是個大屁孩，但深入認識後就會發現，之凡的精彩人生真的讓人刮目相看！

除在法律、保險與財務顧問等專業領域有深厚的底子與成就外，同時也是有牌的魔術師、私廚主廚、又是網紅經紀公司與咖啡館老闆，名符其實的「斜槓職人」。我曾懷疑這些斜槓只是玩玩而已，但一聊起來發現之凡在每個領域的投入與掌握完全不負「職人」的稱號。一直到看了這本書之後才了解到，原來這些都來自之凡人生經歷的「積累」與「連結」，才能在邁入三十而立之際就已展現出這麼精彩的生命能量。更難得的是，之凡把這些經歷系統性回顧整理成書，希望分享給同樣不甘平凡、想追求自己冒險旅程的年輕人。

二〇〇五年賈伯斯在史丹佛大學的畢業演講分享到：「你必需相信過去的某些事情將在未來的路上連接起來，這將帶給你追隨內心聲音的信心，即便它引領你離開已被踏平的步道，而那將造就你的與眾不同。」之凡不凡而精彩的斜槓人生就是這段話的最佳見證，在此也推薦所有讀者，期盼可以給您帶來不一樣的生命觸動。

推薦序

心成國際法律事務所　江承欣　主持律師

回顧二〇一五年三月，那時是我與陳之凡經理合作的開始，也是法律與保險結合的開端。當時陳經理相當年輕，卻已展現不凡的氣度與善語的溝通能力，在優良的法學基礎訓練下，善用其優勢，數年來迅速將保險業務推展，誠可謂已實現「立志打敗律師」的專業保險從業人員之目標，讓不少保險後輩與前輩皆難以望其項背，成就令許多法律人驚豔。

轉眼二〇二二年四月，陳經理已然具有 RFC 國際認證財務顧問師、RFA 退休理財規劃顧問等資格，更有 COT 百萬圓桌超級會員、IDA 優秀主管銀龍獎等耀眼光環，說實在話，殊無提筆記錄甚至「洩漏」成功法門之理，沒想到陳經理竟決定將自己一路走來的人生經歷，大方與讀者分享，書中從遊戲王卡牌遊戲，到魔術歷練等，無私分享自身經驗，只為能提攜後輩並自我砥礪，再次令人驚豔。

本書不只對於保險從業新鮮人能提供不同的助益，獨家心法更讓有志從業人員可以沉潛感受，尤其是當中就市場銷售深刻的觀察，獨家應用於保險就業市場的農業理論等，處處可見陳經理獨到之眼光，誠屬難得的著作，尤衷推薦給讀者。

推薦序

USPACE 創辦人 宋捷仁

如果這件事情你不做會死，那就放手去做吧！反正不做穩死，做了沒死呢？

有人問我說，創業的死亡率這麼高，為什麼還會選擇創業？

因為除了做頂尖的業務，創業當老闆是我能想像到改變一生的唯一途徑，來自清寒家庭，人生也沒有什麼好失去的我，就放手一搏想做什麼就去做吧，而創業之後就要開始扮演不同的角色，像是魔術師，面對問題，要像是變魔術一樣，變出解決方案，不管是變出人才、資金、客戶每一段都是故事，不想馬上變事故的話，推薦你這本書，從思維、格局到方法，破解創業這一場魔術怎麼變，製造平淡人生中的驚嘆號。

你可能常聽到，這個想法我幾年前就有了，但如果你當時選擇沒有做，然後堅持最後，那一切不就是屁嗎？之前受訪的時候，記者問到，你們 USPACE 很成功，是怎麼做到的？笑了一下，我們算成功嗎？不算，我們只是還沒失敗而已罷了。創業需要極度樂觀與悲觀兼具於一身，因為你從來不知道成功先來還是失敗先到，常常都來得莫名其妙，要嘛全盤皆輸要嘛威震四方，富貴險中求，凡哥用一句話詮釋了光鮮外表的成功創業家下，真實的情境，推薦有想法缺作法的你，值得再三品味。

推薦序

ChargeSPOT 聯合創辦人 台灣區執行長 姜建丞

創業是條不歸路。

在這條孤獨旅程的路上少不了質疑和嘲笑。

但那又怎樣，哪怕遍體鱗傷也要勇往直前。

有夢別怕痛，想贏別喊停！

我跟之凡都一樣，從小有個叛逆的個性，不願盲目追求社會期望，取而代之的更多是在發掘自己能有所與眾不同的可能。

從小，周遭成長的環境總是在鼓勵我們思考，面對未來你要選擇怎樣的人生？

但說實在話，在人生閱歷不足的情況下，我們往往很難做出令自己一生都能滿意的抉擇，與其去幻想未來美好夢幻的童話故事，不如實際的去探討，哪些人的生活才是我們不願選擇的，因此從國小我就開始使用刪去法來塑造我的人生道路。

在取得現今成就之前，我也曾重重失敗過兩次，倒下後，再次崛起的經歷，雖然艱辛，但也成就了我現在面對各種難題的底氣與實力。

我們總是能輕易的在市場上聽到有許多創業者的耀眼成就，但卻鮮少有機會理解成為創業者的心路歷程，這次之凡透過自己平易近人的生活敘事，講述如何在生活中一步步積累創業精神，打造許多次精彩的創業過程，我想這就是為什麼我會推薦每個想透過創業來改變人生的你，仔細品讀的緣由。

創業是條不歸路，該如何做好準備踏上這條路，推薦你一起來書中找尋屬於你的最佳解答。

自序

三十歲的退休人生

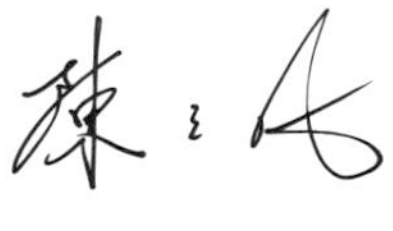

三十歲就可以退休是什麼樣的感覺？對於很多人來說，也許是天方夜譚的念想、甚至很多長輩第一次聽我提這個概念，還語帶責備，認為我「這麼早就想不工作」怎麼行？我才深悟，原來每個人把退休、工作、賺錢這幾個概念認定是不一樣的。對我來說，工作有為了「金錢物質」、「願景理想」、「興趣實踐」而存在，我口中的「退休」則是我再不必為了生活壓力而工作，也免於並局限自己的時間與自由，純粹的做我想要的、我想實踐的。

剛開始打算寫這本書時，真覺得自己瘋了，就同書裏分享的，大家常開玩笑說我是：各種「斜槓」人生到快「垂直」的瘋子，但每次分享我各種斜槓的整合與創意運作時，很多人對於我的故事與事業發想感到好奇，三十歲的我也想留下人生的一筆紀錄，便開始寫書一途，從小求學到出社會到經歷各種市場試煉的種種，我發現有很多可以跟現在年輕、或找不到自己方向的朋友們分享一些思維想法，我也是因緣際會下從法律這門專業轉跨到金融保險，金融保險的門檻低、屬於民生性質；幾乎說是任何人或企業法人都絕對有需求的產業學門，但其水位非常之深，真正能夠在這個領域賺進自己人生目標的人對比投入者絕對還是少數，其中的竅門與關鍵肯定是有技術含量與思維需要整合的，討論到這裡，突然發現這是一本具有含金量的書籍，也因此這本書在未上架甚至校稿階段就已經受到許多公司機構或上過我課程的學員們關注，讓我更繃緊神經的努力完成它；因為我真的希望這是一本，能夠幫助到人的書籍。

每次我在演講時都會說，「很抱歉今天佔用了你一點時間與青春，但接下的時間裡如果有一句話、一個故事、觀念可以讓你我人生因此更美好，那我相信這都會是我們最好的相遇」，這本書，我也希望用這個心情與大家分享，期盼即將閱讀的你可以收穫滿載。

第一章

窮養下的富腦袋

掌握磨練必能成就保險超能力

寫給想要擁有點石成金基因的你：
誰說必須要含著金湯匙出生才能坐擁源源不絕的財富？
在成長過程中的每段經歷都是上天的禮物，
沒有富爸爸的我們照樣能打造自己的富裕人生。
讓我們一起施展魔法，打造自己點石成金的湯匙！

1 我沒有富爸爸但是我有超強虎媽

之凡，你為什麼能有這麼強大的規劃力？
因為我有一個睿智遠見的堅定虎媽。

從小，我就發現我和別人不一樣。除了我的思考成熟度跟同齡的孩子相較下更成熟之外，我所學的「才藝」也和別人不一樣。別人下課後上補習班補的是珠心算、英文與樂器、舞蹈，而我則是狂補「琴、棋、書、畫」等各項才藝。你以為就這樣？不，最重要的是，我的媽媽也和別人的不一樣。

所謂「媽媽」這個角色在一般的認知裡大概就是那種臉上帶著溫柔笑容的媽媽，煮飯的時候會繫上圍裙，忙進忙出地在廚房張羅餐點，然後端著熱騰騰飯菜出來招呼大家吃晚餐的標準模板。但是，我家的晚餐時刻完全不是那樣的畫面。通常在我們家裡，晚餐起手式是我的背影，由我負責煮飯和湯，而收尾的大菜才是媽媽的手筆。

說到這裡，之凡不得不承認自己有一位非常特別的媽媽。嚴格來說，用「虎媽」這個名詞來形容她一點也不為過。其實，我媽媽並不兇，只是一直都用「溫柔而堅定」的態度教養我們。而且，一路走來，始終如一。雖然我也曾經因為這樣埋怨過自己的成長過程要比別人更加「艱辛」，但長大之後卻也由衷地感激我家虎媽的獨特教養方式涵養了我現在所具備的各種知能。可以說，沒有虎媽，就沒有現在的我。

虎媽教育下，我學到的有三點：

一、準確的精算用度開啟聰明生活的能力

二、多元的才藝學習打造出不一樣的底氣

三、循序漸進的二把手養成訓練出強技

虎媽精算師的高度準確生活計畫

「我記得我以前一天只有二十塊可以花。」有一次，我打趣地問我媽。

「不是只有十三塊嗎？」我媽正經八百地回答，然後笑得比誰都開心。

小學生有零用錢是正常的，但是，多數都是五元、十元、二十元這樣的數字，在我家，零用錢的數字可以精準到個位數。正確來說，這也算不上是零用錢。從小，我跟別的孩子最不一樣的地方大概就是：我並沒有擁有能夠買自己想要物品的零用錢，我只能「申請」購買必需物品。說真的，相較於別人一個星期有一兩百元可以花用的日子來說，我的生活過得相當「精準與簡約」。而且，你沒有看錯，是的，我必須要「申請」。

我家的虎媽就學時代唸的是北士商，畢業後在私立學校任教。這紮實的商學背景再加上標準的老師個性，落實在對子女的教育風格上就只有「嚴謹」兩個字可以形容。在我媽的觀念裡，時間與金錢是一樣重要的，所以小時候她非常無法忍受我們晚起，認為這樣是極大的浪費。既然，作息上沒有能夠讓我們任意荒廢的時間，當然在生活用度上也就沒有能夠讓我們任意虛擲的金錢。

原則上我是個沒有零用錢花用的小孩。如果我需要吃早餐或買玩具這種生活上的額外支出，就必須要照我媽的規定與要求提出完整詳盡的「計畫書」才行。我必須得要陳列出購買理由與用處，才能夠得到需用的金額。

比如說，我要申請早餐錢。我不能只寫早餐跟金額。我必須要寫清楚我吃的東西跟單價，還得考慮其他「變因」跟「常數」，所以，那神奇的「一天十三塊錢的零用錢」就是這樣來的。根據我家虎媽的說法，所有的計算必須要連帶考量「期望值」在內，所以扣除掉媽媽有可能幫我準備早餐的日子，加上學校麵包只賣八塊錢的情況下，一個月平均下來，我一天能夠得到的花用額度便是「精準的」十三元整。

坦白說，身為一個小學生，對於什麼叫做「期望值」其實很模糊。面對虎媽邏輯清楚的分析與說明，只覺得聽起來「好像」很有道理，卻也慢慢開始在大原則上建構出一個基礎的概念。這樣長期訓練下來，我在審預算與抓預算間的敏銳度有著超乎常人的合理與精確。

虎媽的教育一點一滴地養成了我的精準計算力、清楚的企劃力以及磨練出我超乎常人的「求生之道」。當然，我也曾經對虎媽埋怨過自己為什麼沒有零用錢？為什麼生活用度必須要精算到連期望值都要考慮？為什麼必須要想方設法才能擁有自己想要的東西？

在長大之後卻也漸漸明白正是因為有了這樣特殊的養成背景，所以我才能擁有跟別人不一樣的思維、自信與規劃力。對於我家虎媽用心良苦的栽培，我由衷地感激。媽媽讓我深刻地明白了，**天下沒有白吃的午餐，必須要精打細算才能應對社會上的不簡單**。

身為溫州人的後裔，我身上流著溫商的血液，再加上就讀北士商背景的母親從小調教，我的商業細胞硬是比別人更為活躍，也在商場上自然而然地發展出了一套自有獨特的商業模式。精準的數字觀念與計畫書的撰寫能力澆灌了我生活上聰明理財的「慧根」，現在則演變成了連呼吸都在思考怎麼能夠賺錢的本能。

「不一樣」的才藝補習所打造的底氣與自信

虎媽不但教育孩子的方式很特別，她投資孩子學習的眼光也很不一般。雖然我家的虎媽在生活用度上相當簡約與精準，但是對於我的各項補習費用卻相當捨得投資。她並不像其他家長拼命把孩子送進文理補習班課後加強，也不覺得我需要去補珠心算。在她的觀念裡，比起學科，「才藝」才是更重要的。儘管身處在萬般皆下品只有讀書高的社會價值氛圍下，虎媽仍然支持我去學習除了課業以外的所有一切技能。於是，我從小學二年級便開始學習各種大家認為「以後用不到的」才藝。誠實講，沒有小孩愛補習。

一開始的時候我的確是抱著一種半推半就的心態到才藝班去報到。因為虎媽告訴我，「所有的孩子都補習才藝，所以你也要去。」我只好「從善如流」地開始各項才藝研修。沒想到這一學卻讓我學出了許多心得。

我不只從中培養了興趣，也找到了樂趣與成就感。這段才藝學習之路，讓我發展出了多元的能力。我不清楚是不是因為天份，但也許是小時候的誘惑比較少，因此在學習上比較能夠專注。我就這樣一路上課打磨、學習不輟直到國中。要說當時的自己能琴、棋、書、畫樣樣精通一點也不浮誇。我也常常代表班級或者學校出外比賽，所以，面對各種壓力場合，都能夠泰然自如。這段學習歷程打造了我自認為與眾不同的底氣，也鍛造了我強大的自信心。

除了「棋藝」受限在兩人對弈的靜態過程，實在與我天生具有高度表演慾的個性不相符，所以較疏於勤練而不常得獎之外，我幾乎可以說是各項比賽的常勝軍。

這更讓我自帶光圈，傲氣十足。我一直覺得自己跟同儕很不一樣，甚至覺得同年齡的小孩根本不能與我等而論之。還記得有一次我因為一些小事和同學起了爭執，老師非常訝異我居然就任由同學打我卻沒有還手，問我原因。當時的我個頭很小，我記得我把頭抬得高高的，非常驕傲地對老師說，「如果我還手了，那我不就跟他們一樣了嗎？」那時的我在內心裡對自我的認定是：我是聰明的、有才能的、懂很多東西的人。我，才不要跟他們一樣！**當「我和別人不一樣」的信念在心裡紮了根之後，往後在生活中經歷的許多困頓與過不去的時刻都自然有了解套的方法**。

這種「不一樣」的思維，讓我在人生路上遇到困境的時候，有了更大的理解與通透。面對許多大家會糾結的事情，我反而覺得根本不需要介意。因為「我和他們不一樣」。

說到這段精彩且充實的才藝人生，不由得想起，那時因為補習需要用掉大量的課後時間，所以，對於已經升上國中而且課業也隨之增重的我來說，幾乎每天大考、小考不斷，所以放假的時間能多睡上一會兒是何其寶貴的一件事啊！如果可以的話，我也希望盡量讓自己「睡眠充足」。偏偏虎媽對於我的「睡晚起」相當介意。媽媽認為如果我需要用「補眠」就代表我使用時間的方式是不恰當的，才會累積過度的疲累必須要用多睡的方式來彌補。

「晚起」是這段時間裡吵架最大的「爭點」：母親認為我這樣做會把人生給睡掉，而我則是認為並沒有這麼嚴重。常常就在這種我只是單純抱著想要多睡一點的心情，而虎媽卻將睡到十點看作是一種與偷拐搶騙無異的行為之下，我們產生了很大的爭執。

既然身為一家人，很少有不經歷吵架的過程。但我家的虎媽真的很特別，多數人在與家人爭執的時候會採取嘔氣不講話的方式來表達心中的怒氣及對於對方的不滿，媽媽生氣歸生氣，關心歸關心。就算是我們吵架了，彼此都不想跟對方說話，她也會不厭其煩地用寫「家書」給我的方式來傳遞她的想法與關懷。

我還記得我們之間曾經經歷過最嚴重的一次吵架，我們「冷戰」了一個月，而在這一段不說話的時間裡，兩個人靠著「家書」往返溝通，仍舊充分表達內心的想法與關心。表面上來看我這「硬脾氣」應該是遺傳的。我們可以說是在這方面實力相當的母子，但是，「軟心腸」也是一樣的。

其實，彼此心中還是放不下對方，也很在乎彼此。對我來說，這樣的家書可以抵萬金，因為滿滿都是愛。母親的堅持與獨特的看法打造了我與眾不同的底蘊，而母親豐沛的愛與教養更滋養了我人生不一樣的厚度。

循序漸進的二把手養成之路奠定我的員工教育觀

「之凡，來，你看。」

背著大書包一路蹦跳回家的我，一進門就聽見母親在廚房呼喚我的聲音。「年幼無知」的我，開開心心地跑過去。那時候的我才剛升上小學三年級，個子並不高，必須要爬上凳子頭才能夠看清楚母親手中的動作。只見母親的手輕輕地掏洗著米，量杯裡的一碗米在水流中旋轉著，水緩緩地在攪動下變成了白濛濛的霧色。

母親將掏洗過的米送入鍋中，妥妥地放著，接著按下按鍵，就像施展魔法一般，不久後就有著一鍋香噴噴的米飯飄著香氣。我小小的臉上寫滿了驚奇，原來，飯是這樣變出來的啊！看著我發亮的眼睛，我媽笑瞇瞇的問我，「之凡，可以請你幫媽媽一個忙嗎？」我點點頭，眼睛盯著著那冒煙的飯，米粒帶著濕氣，晶瑩剔透。

「媽媽最近比較忙，下班可能來不及煮飯，你回家的時候，可以先幫媽媽把米洗好，放到鍋中煮嗎？像剛剛那樣？你可以做得到嗎？」

「可以！」吃著母親煮的Q彈米飯，我輕輕地點點頭。如果只是做虎媽示範的那幾個簡單的動作，我應該可以做得到！

身為家中的長子，我從小看著父母為家人付出，自然也覺得可以幫忙付出是一件非常重要而且有榮譽感的事情。小小的我對於首次被交付的任務有股躍躍欲試的衝動。因為那樣的「魔法」很吸引人。於是接下來的每一天，我回家第一件事情不是寫功課，而是想辦法靠自己煮出一鍋香噴噴的米飯。

由於虎媽是個典型的職業婦女，朝九晚五的上班工作佔據了她大部分的時間與精力，但在傳統教育當道的年代，身為兼具母親與媳婦角色的職業婦女再忙再累都要張羅全家的飯菜。坦白說，下班之後要馬上趕著回家煮晚餐其實是很倉促的。

於是，就在身為家中長子的我升上了小學三年級的時候，虎媽開口了，而我就成了每天回家煮飯的小學生。在許多人的傳統觀念裡，廚房是屬於女人的。大男生煮什麼飯？也未免太沒有出息！但在我媽的觀念中，**君子必須近庖廚，因為治國如烹小鮮，再多的方法，都不如動手學會煮一頓飯來得實際**。

當然，對於一個小孩子而言，一開始煮出來的飯，誠實來說，算不上好吃。但是虎媽東一句「好好吃喔！」西一句，「怎麼這麼會煮，比我厲害！」讓我真的相信我是天才小廚師。**鼓勵是努力的調味劑，循序漸進與成就感可以不著痕跡地改變一個人**。

我家的虎媽一直在方方面面上循序漸進地增進我的生活知能。她不僅把我當商業高手培訓，更是手把手地教會我所有的技能。甚至在有空的時候，我家的虎媽還會帶著我到處去品嚐好吃的菜肴，在我一邊享用美食的時候，問我想不想要煮出一樣好吃的菜。

這激發我了我想要更精進廚藝的動力。於是，回家煮飯的小學生進化了。從「之凡，你可以幫我煮個飯嗎？」到「可以再多個湯嗎？」就這樣，我的回家功課從煮一鍋飯、到多一個湯，然後慢慢地一個菜又再一個菜的增加。在小學還沒畢業的時候，我已經能夠做出三菜一湯等著全家人下班、下課吃晚飯了。

小時候我並沒有仔細想過為什麼我會從只要幫忙煮一鍋飯到後來包辦全家人三菜一湯的任務。長大以後我才發現，虎媽相當有智慧地用手把手的教學方式來奠定我的能力，更用鼓勵的來增加我的自信心與意願。既然有能力做，而且又做得好，誰會不想做呢？我後來才發現她希望我幫她做的事情不僅是分憂解勞而已，其實是有計畫循序漸進地把我當他的二把手來調教，並且階段性地將責任逐步下放，讓我學會什麼叫做「當責」。

某種程度上，這種「生命自會找到出口」的教養態度是虎媽對我的高度肯定，因為她相信我，一定有辦法能夠過上我想要的生活。而這樣的歷程也影響了我日後在帶領員工上，我也使用虎媽培養二把手的方式來指導我的員工與夥伴。

我媽讓我領悟到了一個很重要的道理，想要讓自己能夠真正從容生活的方式就是把員工夥伴訓練成自己的「影子分身」，並且放手讓他們發揮實力去自動化運作。**讓自己更輕鬆的方式不是把自己變成難以取代的頂尖高手，而是讓別人可以成為救球助攻的頂尖神隊友**。

或許你沒有和我一樣的虎媽，但你可以成為自己的最佳教練。這是一個學習的年代，打造成長型維與習慣，你會進化成難以想像的自己。只要開始，一切都來得及。

・凡神之超凡錄勝・

★優秀是一種習慣的累積，你必須思考得更遠更仔細。

★當你開始覺得自己和別人不一樣的時候，你就解決了人生很多的問題。

★讓自己更輕鬆的方式不是把自己變成難以取代的頂尖高手，而是讓別人可以成為救球助攻的頂尖神隊友。

★循序漸進與成就感可以不著痕跡地改變一個人，鼓勵是努力的調味劑。

2

小蝦米也可以跟大鯨魚當朋友

之凡，你為什麼能有這麼強的商業敏感度？

因為我有一個玩遊戲王卡買賣實境遊戲的童年。

通常，參加畢業多年後所舉辦的同學會總能為大家帶來「驚喜」或「驚嚇」，可能有人在短短的時間裡已經完成了人生所有大事，有的人則是轉職轉行，往往狀況跳 tone 到跌破眾人眼鏡。當我告訴大家我現在正在從事的行業與工作時，得到的回應卻是同學異口同聲的一句，「不訝異啊！你從小就是做生意的料。」一位同窗更是我客戶的朋友更是拍拍我的肩膀，當場打趣的說，「一點也不奇怪，我可是從小就一直被你賺錢到現在耶！」

說起我的「為商之路」，確實開始得很早。早在大家握著「遊戲王卡」蹲在教室後面玩的那個年代，我就開始在思考要怎麼讓手中的一把亂牌變成「能夠賺錢的好牌」。

這整場遊戲王卡實境遊戲中，我學到的有三點：

一、知道經營的成本

二、明白自己的優勢

三、懂得和對手合作

掌握熱門商品背後的無限商機

每個人的童年都有一個經典存在。在我的兒時歲月裡，「遊戲王卡」就等同於一張有超強人際魔法的無敵通行證。如果可以擁有一張大家都想要的卡片，那在學校裡簡直連走路都有風了。大多數的空閒時間裡，同學們都三五成群窩在一起研究手中的牌卡並思考要怎麼配置或交換彼此手中的牌才能贏得更多場的勝利。就在這種遊戲王卡紅遍校園並流行當下，我當然不可能是個獨立於外的異數，但我和大家不一樣，雖然我也花了大量的時間來研究卡牌遊戲，但當時我的腦袋只有：要怎麼配置牌卡來贏得遊戲的勝利跟怎麼「使用」手中的牌卡賺到同儕們口袋叮噹響的 Money。畢竟熱門的商品背後代表的是高度的需求與無限的商機。如果說「成功是把一手爛牌打成一手好牌」，對於孩童時代的我來說，成功就是把一盒不怎樣的牌卡變成一定能賺大錢的金卡。

遊戲王卡在那個年代來講可以說是項奢侈品，但不可否認的，也是國中、小學生的日常。經過一陣子的考察之後，我擬出了初步的商業模式，推出了我自製的「凡式卡包」。這種商業模式說穿了很簡單，就是先去購買一盒市面上的普通牌卡，然後把當中能夠賣到高單價的熱門搶手牌卡先用好的價格售出。再把剩餘牌卡中較為冷門牌卡有「計畫性」地混進平均來說較好的牌卡裡搭配成抽獎卡包，讓同學用抽獎的方式購得。這等於是一種「高機率高報酬」的概念加上人的貪婪與投機本性發展出能清冷門牌卡又能轉換獲利的優質模式。因為每一包牌卡都有機會讓購買者可以抽到一至兩張較高價值的牌卡，沒有人不會想「嘗試」這樣的卡包。所以我的自製卡包引發了「搶購熱潮」，不僅銷售上大為成功，更在許多同儕口中有著一定程度的口碑與名氣。

一陣子之後，我發現如果我只將卡包販售給自己周邊的同學，銷售量是很有限的。即使是全校的同學都來買，也總會有飽和的一天。畢竟國中、小學生的購買力是固定的，就算零用錢再多，也總有一定的限度，熱潮也不可能一直持續。於是我開始思考如何才能「開發更多的穩定客源」。我的想法很簡單：賣得越多就賺得越多。於是，萌生了「哪裡有小朋友聚集，哪裡就有商機」的念頭。我花了幾天的時間在學校附近兜轉，經過觀察之後，終於發現到整個學校的周邊小朋友聚集的地方就屬玩具店最多了。接下來我開始轉移陣地到各玩具店門口兜售自製卡包。

了解經營成本才是掌握底牌的關鍵

人群等於商機。我通常會等人群聚集到一定的數量才把我的卡包攤出來販售。當然，我也不會光在店門口轉著空等。在小朋友們還沒有大量聚集的時候，我也會走進玩具店裡面逛逛。一般來說，小朋友走進玩具店裡通常眼睛都離不開自己喜歡的玩具，而我進玩具是因為要做「市場調查」。我是有目的性的，所以我很清楚為什麼走進去。我走進去玩具店會迅速地掃過遊戲王卡區，看完了所有的標價之後，將店內牌卡的售價逐一記錄下來，再針對特殊卡跟商店老闆詢價討論，當我走出店門外之後，我會比對筆記本中的售價調整我手中的牌卡價錢，回頭用打折甚至一半的價錢來對學生們兜售。就這樣，我的牌卡經過市調後的調整比我原先賣的價錢更高也更符合市場性。而且不管我怎麼調整，都大幅度低於店內的售價，所以持續大受小朋友們的歡迎，也便一直都保有一定程度的銷售量。

一開始的時候，玩具店的老闆並沒有把我這種看似「小朋友扮家家酒」的商人遊戲放在眼裡，但是他們怎麼也沒料到這看似小打小鬧的生意居然蒸蒸日上，後來向我購買卡包卡片的人越來愈多，這也就意味著原來走進商裡買遊戲王卡的人就變少了。這樣子的「變數」當然就引起了玩具店老闆的關注。數字會說話，這對老闆來說是相當「有感」的。到最後玩具店的老闆終於忍不住走到店門口對被包圍在人群中的我「曉以大義」，並且想要用「大人說不可以就不可以」的威嚇來簡單地把我打發掉，希望我不要繼續在他的地盤「販售」遊戲王牌卡。

「為什麼不可以？你的牌卡賣這麼貴！」面對老闆說的「不可以！」我不但不以為意，還很幼稚地反嗆回去。還是小朋友的我相當直白，回起話來一點也沒有經過大腦考慮，但也可能正因為我還是個小學生的關係，老闆並沒生氣，而是很有耐心地跟我解釋為什麼店內的牌卡要賣得比其他地方還要貴。「小朋友，因為經營玩具店需要付店租給房東、需要花薪水聘請員工、還需要付水、電等開銷，這些都要錢啊！所以當然擺在店裡的卡會賣得比較貴啊！」

估計玩具店老闆以為他這樣對我說就可以說服我接受店裡的遊戲王卡賣得比較貴是合情合理的事情，還希望我打消在店門口賣遊戲王卡的念頭。萬萬沒有想到當時的我居然回老闆說，「老闆，這樣聽起來我超級有優勢的誒！因為我沒有這些成本負擔，而且還可以在學校直銷！」然後，我便堅持繼續待在玩具店門口「做生意」。於是，在玩具店前面賣遊戲王卡包的小孩成為了當時相當特殊的「地標」。

明白自己的優勢才有談判籌碼

對於「跑單幫」的小商販來說，實體店面確實是最大的對手。畢竟零售商要跟大通路比拼還是勢單力薄的。多數人在面對強大競爭的時候，總是先看到對方的強勢，再「下意識」或者是「習慣性」地將對方「壓倒性勝利」的點拿來跟自己的「絕對弱勢」做比較，卻忘記了我們在進行策略分析的時候，並不一定要採取單向思考的方式，我們可以採行逆向思考，甚至是多面向的思考方式來分析。之凡建議，不管是哪一種方式都要記得提醒自己將分析的重點與思考的中心專注在：「我的優勢在哪裡？」

如果把賣遊戲王自製卡包的小學生拿來跟知名玩具店的老闆做比較，那就好像小蝦米對上大鯨魚一樣，穩輸。小蝦米要怎麼樣才能對抗大鯨魚呢？大鯨魚的身形這樣巨大，不要說做什麼大動作了，就算是隨便打個微不足道的小噴嚏都能把小蝦米噴飛到八百里遠的地方。所以，面對這種極度不對等的對峙情況，通常身為小蝦米的角色在遇到大鯨魚帶來的壓力第一個先思考的就是逃。畢竟，留得青山在，不怕沒材燒。我們一直被教育著不打沒把握的仗。但是，如果不逃或者是不能逃呢？當必須得要正面迎擊的時候，我們要思考的就是另一種可能性：問問自己，小蝦米有沒有贏過大鯨魚的可能？就算只有微小一毫米都可能是「逆轉勝」的關鍵。其實，所有的事情都有一體兩面。小蝦米也不全然是弱勢的。小蝦米想要贏過大鯨魚，就在於善用小蝦米有而大鯨魚卻欠缺的「靈巧」與「機動」。雖然體型大感覺上是一種絕對優勢，但在某些層面上，反而是大鯨魚會覺得困擾的地方，想想看，螞蟻之所以能夠鬥得過大象，就在於螞蟻的體積小，可以來去自如啊！

因此我簡單評估下來發現我的優勢正是老闆所沒有的。與必須付出一堆成本的老闆相比，我需要支付的成本也不過是買遊戲王卡的錢而已，根本不需要擔心。我很清楚自己不需要顧忌也不用放棄。歸納資訊所得到的結論增加了我的信心，我解讀到的並不是「我不可以」的限制，而是確定了我有「很可以」這麼做的相對優勢條件。因為我「穩賺不賠」。從這件事情當中，之凡學到了，當我們遇到強敵的時候，第一個要先盤點的是自己的優勢與打點。另一個則是要思考：如何以小制大？如何以柔克剛？以及，如何堅定的守住自己的立場？**了解並善用每一分優勢，別放大自己的缺點，也別小看自己的贏面**。

懂得和對手合作才能立於不敗之地

通常一般人在看待「競爭」這件事，總夾帶著你輸我贏的成份在內。多數人將到商場上的競爭與對手，尤其是同質性的生意，視為一種零和競爭。當初玩具店的老闆覺得我在店門口做生意這件事會大大地「影響」他原本販售，連帶減少收益，所以對我「說之以理」，希望我能夠退場。但就在我有意識忽視老闆的「意見」之下，老闆並沒有辦法擺脫一直存在的潛在威脅感，總是認為這隻小蝦米還是很礙眼，到最後終究按耐不住，還是繼續來找我談。

「小朋友，不可以在這裡賣遊戲王卡喔！」

「叔叔，你繼續讓我在門口賣牌卡，我可以幫你賺錢喔！」我沒有把老闆的「不可以」當成一回事，反而對老闆提出了「聯盟」的建議。

我胸有成竹地對著對前來遊說我不要再繼續待在店門口做生意的玩

具店老闆說：「我們不一定要當敵人啊！我們可以合作喔！」是的！我和別人不一樣。在這整個過程中，我解除了老闆對「我造成的影響」所產生的焦慮。我讓他知道，我的確能「影響」他的生意，但不是扣分而是加分。我請玩具店的老闆將卡片用便宜的成本賣給我，然後由我來進行拓銷以及轉銷的動作。於是，通路渠道就這樣建構完成了，後來，我也用這樣的模式成功的「加盟」了學校附近的三家玩具店。我**讓存在變成一種利多，把敵人變成朋友**。

當小孩對上大人加上攤販對上店家，的確是奈米小蝦米對上超級大鯨魚的概念。小蝦米要能夠悠遊在大海又不怕威脅的方法其實很簡單，如果把原本是敵人的大鯨魚變成保護與支持自己的好朋友，就沒有任何困擾存在了，不是嗎？對我來說，遇見強大的對手反而是一件好事。只要我能讓他跟我站在同一陣線上，就代表我立馬就擁有他現存的一切優勢，只要結合我原本的現存優勢，就能變成一股更大的力量。因此我不是硬著對抗老闆的驅離，反而是站在老闆的立場提出了互利共好的加盟合作。**把 impossible 轉成 I'm possible 的關鍵是把別人的利益先思考在自己的前面**。對老闆來說，一旦讓自己不安的小蝦米變成了馬前卒，銷售管道便可以打通到學校內部，是利多。對我來說，我不僅可以繼續藉由販售遊戲王卡賺錢，解除了阻力，還擁有了三家堅強不倒的供應商。藉由把敵人變成朋友的方式，我爭取到了以我的「實際情況」並沒有辦法達到的強力「槓桿」。雙贏 Win-Win!

試問誰的童年裡沒有幾張遊戲王卡？我和別人不一樣，我擁有的遊戲王卡超過同年齡所有的孩子，因為我有一整間玩具店當我的後盾，而這樣的玩具店不是只有一家，而是三家！這三間玩具店成了我的供應鐵三角。我愛這個卡牌遊戲的娛樂價值，更愛它的實際價值。懂得結盟與化敵為友讓我擁有的不只是遊戲王卡而是源源不絕的強力遊戲王卡的供應鏈。因此我建議大家，當遇到同質性高的競爭對手時，試著**把餅做大，**

互利共好。就像在電動機車市場中，YAMAHA與GOGORO的合作一樣，早期的競爭削弱相互的利益導致兩敗俱傷，選擇結盟之後，果然證明了共有市場與同享利益才是明智之舉。或許你也經歷過一個玩遊戲王卡的快樂童年，無憂無慮的長大，但不代表現在就無法培養商業敏銳度，只要有心，人人都可以是「商王」。

・凡神之超凡錄勝・

★觀察力是你的超能力，魔鬼藏在細節裡。

★了解並善用每一分優勢，別放大自己的缺點，也別小看自己的贏面。

★把 impossible 轉成 I'm possible，這關鍵的一點就是：把別人的利益先思考在自己的前面。

★讓存在變成一種利多，把敵人變成朋友。

3 山不來就自己造山比較快

之凡，你為什麼能有這麼強的行銷能力？

因為我有一個山不來我自己造山的打工歲月。

多數人遇到困頓與匱乏不是怨天、怨地，就是怨祖先、怨家庭、怨際遇，但在有限的條件下，我根本不會花時間去埋怨任何事情。我跟大家不一樣，從小聽爸爸說溫州人經商的事蹟，我天生帶有善於經商的基因。而「窮養」下培養的「求生本能」，讓我遇到需求的時候，第一件事情不是挫折與沮喪而是想方設法地讓自己達到目的。我只思考我可以怎麼做來得到自己想要的一切，而非只在抱怨為什麼我得不到我要的東西。所以，沒有資源或缺少金錢從來都不是我的困擾，更不會因為這樣就告訴我自己不能夠去完成或者去渴望。但我會專注在我想要完成的目標，盡其一切讓自己能夠「無中生有、起家白手」。

在這黃金打工歲月裡，我學到的有三點：

一、用渴望喚起動機

二、讓行動切合目標

三、主動創造他人需求

讓渴望成為「賺錢」的助燃劑

面對事情，我的思維很簡單：**沒有可不可能，只有想不想要**。國中跟小學的時候，我想要賺錢的目的相當單純：我不想走路上學，很累。在求學階段，我的家人一直以為我搭公車上下學。其實，多數的時間裡，我都是搭計程車通學的。

當初完全沒有零用錢的我，哪有辦法可以搭計程車上學？，但我不認命。我就賣遊戲王卡啊！我靠自己得到我想要的結果，而結果比我想像的還要豐碩。正所謂，**內在動機產生一切的可能性**。我不想走路的渴望強大到驅使我去做出具體的行動來賺取我所需要的金錢。傳奇的「加盟」玩具店賣遊戲王卡的小孩就這樣因勢而生。**知道 Why 就能找到 How，找到內在的動機，就找到了一切可能的方法。所以，沒試過所有的方法之前，別說自己已經盡力**。

到了高中，甚至是大學時代，我想要賺錢的動機依然很單純：我喜歡「魔術」，想買道具。但在當時，購買魔術道具花很多錢的。依然沒有足夠零用錢的我從小到大所面對的課題都是：錢從哪裡來？想購買魔術道具的渴望同樣強烈到讓我開始想方設法去連結我所有的經驗來做出最好的規劃。

這一次，我決定不再賣遊戲王卡，我要賣「我的能力與魅力」，因為這不需要加盟，還可以源源不絕。於是我開始到安親班毛遂自薦，提出兒童魔術的課程企劃。很多人可能會覺得這是因為我從小就「訓練有素」再加上天資聰穎，所以做起事來順風順水，想做什麼都比別人簡單得多。但真的是這樣嗎？當然不是！我跟大家一樣會被拒絕，甚至我被拒絕的次數要比大家更多！唯一的差別在於，「我不怕被拒絕」。

「被拒絕」其實是件好事，因為我們可以從被拒絕的地方，找到對自己有利的切入點，說不定還能在拒絕異議中尋找成交的關鍵。有一句話是這麼說的，**只要不想做，就會想出一百個藉口，但只要想做，也可以找出一百種方法**。

綜觀我人生裡所有的看似天馬行空或者神來一筆的創意與點子，起心動念都是來自於我想賺錢的渴望。不要小看渴望，它可以是所有行動的助燃劑。很多人對於現實環境的解讀落在有限條件的局限，所以，往往因此無法完成自己的目標或夢想。對我而言，這並不會有太大的困擾，因為早已習慣在侷限中找到施力點。不管我身處於什麼樣的狀態下，「**只要我想要**」，**我就會想辦法做出改變。而我也相信，改變就能帶來我想要的一切**」。

每一次出擊都要直中靶心

強大的渴望可以帶來高度有效率的行動。但我們也知道，做事情的時候並不能只一股腦卯起來做，必須要聰明的做、有計劃地做、有目的地做。曾有管理大師分享，設立目標有一個「聰明」方式，叫做SMART，就是目標要明確（Specific）、可測量（Measurable）、可達成（Achievable）、相關的（Relevant）與有時限（Time-bound）。而我則建議要在這之上，再更聰明一點，就是讓自己在設好目標之後，所有的「思考」與「行動」都圍繞著目標來進行，只要每一次的出擊都直中靶心，那麼所有的作為都是有效率、有回報與有意義的。

我從以前在思維行動與累積能力的時候，就不斷在練習如何結合能力與經驗來達到我所要完成的目標。我專注在自己擁有的資源、能力以及我想要達到的結果。所有的不可能，對我來說都是可能的。我只考慮如何完成我心目中想要的「可能」。

舉例來說，雖然我集十八般武藝於一身，但是我會刻意讓現在所有擁有的一切斜槓能力與相關發展都圍繞在我的核心事業—保險工作上來運作。無論一路上我鏈結了多少的其他事業，財經法律相關也好，行銷娛樂也罷，我的靶心一直都沒有動搖過，所以才能產生緊密的相輔相成作用。

「直指靶心」的概念很簡單，就是懂得「捨」的藝術。我們或許能力很強，或許可以做的事情很多，但是，如果這些跟目標都無關，那麼就勇敢捨棄，有捨才有得，才能把時間與精力專注在達成我們所要達成的一切。

反過來講，我們在思考事情的解決之道的時候，也要不忘時刻提醒自己「靶心」在哪裡，在行動的時候不斷問自己，這跟我的「目標」有關嗎？這樣做能夠達到目標嗎？我想要達到目標我可以怎麼做？簡單來說，當我的所作所為都以目標為核心，將所有一切行動都圍繞著最終目的而運作，那麼，就會像小李飛刀一樣「例不虛發」。既然我做任何事情都不忘記將所有的可能性以及行動瞄準「靶心」，當然每一次出擊都兼具信度與效度，這樣，我所想要的結果自然就手到擒來了。**樂觀看待事情，客觀作出評估，往往能夠在有限條件下創造出無限的可能。**

主動創造需求就是得到機會

坦白說，意氣風發的我，也並非凡事都順風順水，但是為何最終我常常會得到自己所想要的結果，關鍵也在於我選擇了主動創造機會，突破不可能的盲點。相信大家都有過一樣的經驗，在大學的時候想要去打工，通常第一個想到的一定是到補習班當家教，畢竟工作輕鬆、薪水高。

但也是因為這樣，所以應徵補習家教老師的大學生何其多？在僧多粥少的情況下，可想而知，機會當然一位難求。聯繫過補習班的人常常得到的第一次回應都是「不好意思，我們不缺老師！」多數人思考事情的時候，比較線性，所以往往採取直球對決的方式去處理。面對補習班的拒絕時會想，喔！那好吧！既然不缺老師，那沒有機會了。如果我們仔細去思考，這種「不需要」，其實是意料之內的結果，並沒有什麼大不了。我和別人不一樣，我接受這樣的結果，但會努力思考如何找到突破點去得到我想要的結果。

就像前面所提到的，我習慣圍繞著「靶心」行動與思考。我在乎的是，我是否能夠得到我想要的結果。所以對方究竟需不需要人或者是表明了「不需要人」的結果並不在我的考量內，我所思考的是「要如何能讓對方願意用我」。我可不可以想辦法讓對方產生需要？只要「創造出需求」，我就有機會把局勢轉成對我有利的面向。常言道，「山不來，我便往山走去。」

但之凡覺得，往山走去還是太慢了，更何況山路險阻，道長且遠。

所以我決定自己造山，自己闢路。我阿公曾經說過，有溫州人的地方就有市場，沒有溫州人的地方，溫州人會自己創一個市場。之凡開始分析對方的需求，並盤點自己的優勢，然後結合了我的社團經驗，開始針對業主的需求擬定課程企劃書，並到各個安親班以及補習班販售我的計畫書。大力推廣兒童魔術課程。結合魔術專業與企劃行銷的專長，我開啟了我的獨特價值與不可替代性。我跳過了沒有需求的事實，創造了新的需求：兒童魔術除了新穎有趣，更能增加孩子的各種學習上的可能性，肯定可以吸引到更多學生與家長認同，而當時這個項目只有我能教。

我！就是解決需求的鑰匙！

當對方不需要用我或者是不知道如何用我的時候，要能在心中笑著說，「沒關係，我替你想。」這就是創造需求的開端與關鍵。要如何成為對方需要的人？就要先讓自己能夠「換位思考」，跳開自己去站在對方的立場思考。

坦白說，在我的經驗中，只要想得到、說得出，通常就會得到我所想要的。請謹記在心：需求不是被動別人決定的，需求是可以主動創造出來的。現實往往不在我們意料之內，但翻轉現實，往往也只存在一念之間。**沒有需求，我們就創造一個，當需求產生，機會自然隨之而來**。或許你沒有行銷的相關經驗，也從來沒有寫過企劃書，但是，人生的所有可能性就在自己說可以的時候開始。從現在開始，對於所有發生的一切都要心懷感激，因為那是都磨練與精進的機會。

・凡神之超凡錄勝・

★沒有可不可能，只有想不想要。

★知道Why就能找到How，找到內在的動機，就找到了一切可能的方法。

★沒試過所有的方法之前，別說自己已經盡力。

★只要不想做，就會想出一百個藉口，但只要想做，也可以找出一百種方法。

★「只要我想要」，我就會想辦法做出改變。而我也相信，改變就能帶來我想要的一切。

★樂觀看待事情，客觀作出評估，往往能夠在有限條件下創造出無限的可能。

★冰山一角不足以懼，降低不可能的機會，就是增加可行性。

★沒有需求，我們就創造一個，當需求產生，機會自然隨之而來。

第二章

魔術背後的行銷藝術

從做中學習體悟必能舉一反三

寫給想要擁有魔法超能力的你：

誰說要擁有舞台才能夠變成超級巨星？

在生活周遭的每個空間都可以打上展現自我的聚光燈。

不是星二代的我們照樣能打磨自己的明星光環。

讓我們一起施展魔法，成就自己閃亮耀眼的未來！

1 從魔術表演看人性

之凡，你為什麼這麼能夠掌握人性？

因為我有魔術表演的實境觀察課。

我們活在一個過度包裝與顏值當道的時代。我必須承認外表的確是一種資產，但是外表卻不是評判所有事物的絕對基準。很多人用來評估一個人的價值高低與「實力」的度量衡往往是眼前這一個人外在所呈現出來的樣貌。這其中包括了對方身上穿著的服裝品牌與質料、身材與臉蛋的保養、臉上的妝容與髮型的設計，還有身上的配件跟用品等。如果對方看起來是個白領高階主管就覺得他應該是個知識水平高、通情達理又有良好教養的人，反過來，如果對方的外表看起來明顯是個藍領粗工或者販夫走卒，一般會覺得他應該就是個粗魯、缺乏教養或者是情緒管控力不佳的人。

真的是這樣嗎？這種「以外表論一切」的社會文化以及刻板印象也是讓很多人在社會上走跳三不五時「踢到鐵板」的原因。之凡非常慶幸自己在尚未出社會的時候，便擁有了在火車車廂這種「超迷你濃縮社會」裡磨練的機會，也讓我深刻地體驗到了「表裡不一」以及「看不出來」所帶來的巨大衝擊。魔術表演讓我看到了人性，這同時也影響了我之後從事保險業務時與客戶互動的模式。之凡將在本章與讀者分享幾段火車魔術的經歷與成長以及所學到的行銷心法。

火車魔術表演，我得到能力的有方面：

一、看穿表面的精準透視力

二、洞察人心的細微觀察力

三、彈性調整的敏捷反應力

人生的SHOW場可以自己決定

之凡在高中的時候瘋狂迷上了魔術。魔術開啟了我的另一個世界。對於一個「魔術師」來說，表演魔術最大的樂趣除了來自於魔術師本身可以擁有一種讓觀眾陷入十里迷霧被帶著走而表演者自己卻通盤了然於胸的「不對等的優越感」之外，最大的快樂是源於觀眾所回饋的驚喜反應。

每一次表演當中，不同觀眾所表現出的驚呼聲與每一張驚喜或者是佩服的表情，都是一種成就感的堆疊。表演魔術怎麼可以沒有觀眾？就算我每天花大把時間勤練魔術、用心鑽研並且熟悉道具的操作，但是沒有觀眾的魔術師是空虛的。我需要觀眾，但是觀眾從哪裡來呢？幾經思考之後突然發現，「每天通勤的車廂」不正就是一個非常棒的表演舞台嗎？對於一個剛開始練習表演的初階魔術師來說，這樣的設定剛剛好。

因為一節車廂的乘客量大概會是學校一個班級學生的數量，而且每天搭車上下班或者是上下學通勤的人多半是固定的那些人，也許會有些流動，但是估算下來只有約兩到三成的更新率。固定的乘客可以讓我反覆練習運用不同的方式勾起他們的興趣以及進行反應測試，有時候雖然可能會有一半以上的陌生臉孔，不過，這也是一種新的挑戰。多數人可能很難想像通勤的火車廂也能成為魔術的秀場，但是，我和別人不一樣！我自己人生的 SHOW 場，我自己決定！沒有什麼是不可以的！

魔術會欺騙眼睛，人也是

在決定開始火車魔術表演「自主」訓練的時候，第一件事情是挑選觀眾。這就像我們在推金融商品的時候，也比需要先過濾潛在客戶一樣。觀察力是我們必須要培養的。當我選定車廂，準備要開始表演的時候，我會先觀察車廂中的乘客，先跳過正在休息的人，或者是專心在處理公事的人，也會跳過看起來面色不善的人。

幾經篩選後，我覺得最容易溝通並且能夠懂得欣賞我表演的人應該是屬於白領階級的人。所以，我一開始會挑身穿西裝或者是套裝的上班族，以及身上的穿搭有一些名牌配件的人。我感覺他們應該會比較有禮貌與有耐性的族群，也比較不會粗魯拒絕我。如果按照機率來講，的確是這樣。但其實在表演過一陣子之後，之凡發現事情往往沒有那麼的絕對，也總不會照著我們所以為的方式走。

還記得那一天，我一如往常地上了火車，在坐定位置之後便開始左右張望，根據以往的經驗，我挑選了一位穿著得體，連頭髮都梳理得很整齊，約莫四十歲左右，看起來就是貌似高級知識份子或者是個主管的男士。決定好人選之後，我信心滿滿，也預期會得到很好的表演經驗與回應。在互動的開始，對方的表現並不熱絡，但也是在我的預期之中。畢竟成年白領男子的防備性比較重，沒有辦法那樣快熟。只要他沒有拒絕我，就是一個好的開始。

由於當時還是生手，起初我變魔術的手法不是太流暢，所以，對方不時會出現略帶輕視的表情，覺得高中生玩不出什麼高深的把戲，他可以輕易看穿我的表演。幾次下來，他都點破了我的手法。後來我決定表演一個我相當嫻熟也很自信的魔術，我輕易地變出他選中的牌卡，而對方的表情微惱，似乎很努力看卻無法看出我的手法。後來，在他的要求之下，我又再變了一次相同的魔術。對方居然喊著他不相信，一把就搶過我手中的牌卡，「我要檢查！」，我愣住了，任由他搶走我手上的牌，他在翻來覆去幾回之後，發現並沒有他想像中的機關，居然當著我的面將其中幾張牌卡撕爛，然後又帶著怒氣把牌卡丟回來，一句「算了！」，就完全不理我了。我整個傻眼，面對這種超出預期的反應，還是高中生的我一瞬間呆若木雞，完全無法反應，只能頹然地撿起掉落一地的零碎牌卡，心裡覺得萬分委屈。

可能是因為那天的經驗真的太糟，所以隔天，在同樣的車廂裡，我選擇了一位外表看起來就是個賣菜大嬸的阿姨。這位阿姨的衣服看起來就是已經穿了好幾年的陳年舊衣，有點鬆垮泛白，有的地方還綻了線，阿姨的捲髮用便當的橡皮筋隨便綁起來，鬆鬆地垂著。「你要表演魔術給我看？好啊！好啊！」阿姨很熱絡，帶著一種南部鄉下人的熱情。我為這位阿姨表演了同樣的魔術，當我快速地秀出他所選的牌卡之後，阿姨睜大著眼睛盯著我手上的牌，表情充滿了驚喜，「好厲害喔！你怎麼變的？！」阿姨的反應給了我相當大的肯定，我開心地為她再表演了一次。「哇！好神奇喔！你真的很厲害誒！以後一定是很棒的魔術師！」

阿姨沒有質疑我，而是很開心地欣賞我表演的魔術，很享受魔術帶來的驚喜，他的回應也相當地溫暖友善。我想我永遠不會忘記那張鄙夷跟惱羞成怒的臉，以及那張帶著壓出魚尾紋笑眯眯眼睛的臉。那一次的經驗，刷新了我的觀感，原來，貌似彬彬有禮的人不盡然就如同我們表面所見到的一樣講道理，而看起來可能是沒念過什麼書的人也不一定就是粗野的。

於是，我開始了新的功課，在評估對方是否是我魔術表演潛在觀眾的同時，也一並將「表裡一致性」的觀察列入了練習。如何看穿人事物的表面，進而洞悉這個人的本質，其實是身為業務員必須要具備的能力。或許是因為下班時間裡多數人都是呈現一個鬆懈的狀態，所以反而可以從當中去閱讀到最真實的性情。這段藍領與白領的經驗，讓我知道了**所**

謂的觀察是用心而不是用眼睛看。只有不被外表迷惑，才能看見真正的價值。眼睛見到的表象不一定真的等同於我們所認知的內在。雖然我們都難免會用主觀意識去對應這個世界，但是有了這次的體悟，在往後進行業務工作的時候，讓我不忘提醒了自己要保持客觀的態度去看待每一個人，更要用同樣的心去對待每一個客戶，不能有分別心。

真正的強者風範展現在體貼上

從小我就覺得自己和別人不一樣，這給了我自信的底氣，當然，我像一般的年輕人一樣，總也免不了年輕氣盛，不知不覺中就會飄浮出一點點傲氣，而這種「心高氣傲」的狀態在我學會魔術表演之後更加地明顯。就在固定車廂與時段表演魔術一段時間之後，我也開始小有了名氣。

許多人甚至因為「口碑」而特意選擇「魔術車廂」。這讓我覺得自己很厲害，甚至帶著一種優越感。一個高中生能夠變出各種讓乘客嘖嘖稱奇、鼓掌叫好的魔術，而且沒人可以看出我的手法，這一點讓我在表演魔術的時候非常地自負與驕傲。從小我父母就怕我因為太自負而吃虧，老實講，我真的不懂，小時候不懂，長大不懂，在我還沒有遇見那名外國人之前，不懂。

還記得那一天，火車上來了一位外國人，臉上帶著非常親切的笑容。雖然我的英文比起中文來說真的不算好，但是遇到外國人我相當地開心，還是用我憋腳的英文跟他溝通，希望對方可以看我的表演。沒想到對方也很高興，於是我當下選擇變我最拿手的魔術給他看，那是一個類似心靈牌卡的魔術。

對方看到我的表演露出非常驚訝的表情，我那時候心想，被我嚇到了吧！我心裡泛出了濃濃的驕傲，覺得我真是了不起，連外國人都被我的魔術「驚艷」。我還非常仔細地對他講解了魔術的過程，他也一路都給我非常良好的回應，彷彿是第一次看到我的手法一般，又驚又喜。因為遇到外國人是蠻難得的經驗，後來，我請他在我的牌卡上簽名，他也很爽快地簽下大名，並且和我留影。他簽了什麼名字，我其實看不懂，但是我還是半帶炫耀地把這龍飛鳳舞簽名分享到論壇上，「我覺得他的簽名很漂亮！」沒想到卻引發了一連串的留言洗版，「天！這不是那個國際知名魔術大師嗎？你怎麼會有他的簽名？！！」

此時，我才想到那副牌卡上的簽名不就正是那段時間到巡迴表演到台灣的一位國際魔術大師嗎？我不僅幸運地遇見他，讓他全程看完我的表演，他還給了我相當好的回應！我那樣的魔術手法在他眼中應該是一款極為粗淺的魔術表演，而且我所變的魔術手法，他應該全部都了解，但是他並不因為自己已經是享譽國際的魔術大師而拆穿我的表演內容，反而相當貼心地參與其中。

一山還有一山高，我不僅遇見了高山，一次就讓我見識到了喜馬拉雅山。霎那間，我所有的驕傲與自負在得知自己在國際魔術大師面前的傲慢與對方謙虛的回應支持時瓦解崩盤。如果我早知道他是個國際級魔術大師，這粗陋的魔法，我應該是變不下去的。我覺得他給我的是一個很驚人的回饋，**真正的強者不是用實力碾壓對方，而是用體貼讓對手心悅臣服**。

我開始覺得自己超級渺小，因為我遇到一個更厲害的人，而這個更厲害的人不是戳破我，而是給我鼓勵的人，甚至到最後一刻，他都沒有告訴我他是誰，他沒有掀底牌。這一點，展現了他強者的虛懷與體貼。這次的經歷也是我態度轉變的一個關鍵，我開始感受到我的不足與渺小。

有時候無知並不可怕，自以為是的知才令人擔憂。從前面幾次經驗帶給我的震撼教育開始，我就學會辨識人。我開始不因為對方的身份就差別對待，因為我知道有很多基層民眾是很值得尊敬的，也有很多高層的民眾是不懂得尊重人的。我在後面的創業過程也遇到很多人，讓我體會到人外有人，天外有天。也明白從小父母教導我的，「謙受益，滿招損」這句話的真諦。

我會不會偶爾還是有點自負會跑出來？當然！畢竟我也算是少年有成。但是，火車魔術表演的經歷跟後來在保險事業上的閱歷，讓我在自負跟謙虛中間一直在成長跟調整。我看過很多年輕的夥伴因為賺了很多錢就覺得自己很成功，然後開始驕傲自滿，最後也敗倒在自負上面。如果我沒有經歷過這些，也許我會變成這樣的人。世界很大，**慣性讓自己歸零，才能不斷收穫豐盛**。

當我覺察到了我超過應有的自信時走向自負時，我總會想起那魔術大師遞給我簽名牌卡時的表情，心懷感恩。之凡現在的魔術表演多數都是公益性質的演出，像聽障協會的晚會上，我就贊助一個表演，同時自費請了一個聽障師來翻譯，在台上看見觀眾用眼神跟動作展現出他們的開心，我感受到溫暖與豐盈。魔術表演對現在的我來說，已經超越自負的炫技，走向一種謙卑的自我實現。

・凡神之超凡錄勝・

★所謂的觀察是用心而不是用眼睛看。只有不被外表迷惑，才能看見真正的價值。

★有時候無知並不可怕，自以為是的知才令人擔憂。

★真正的強者不是用實力碾壓對方，而是用體貼讓對手心悅臣服。

★慣性讓自己歸零，才能不斷收穫豐盛。

2

從魔術心理看客戶應對

之凡，你為什麼能擁有這麼強的業務力？

因為我練的不只是魔術表演也是應對能力。

魔術表演不僅是單純的表演而已，包含有很多心理學的層面。表演者會關注觀眾有沒有專注在表演上，如果失焦了，會再用新的小把戲將觀眾的注意力拉回來。之凡在跟客戶面談的時候，如果發現客戶根本已經無法專注，我就不會再講產品，立刻聊些別的話題，把客戶的注意力吸引過來。這些魔術教會我的能力，也是一般的公司訓練不會有機會學習到的。之凡在魔術表演中累積到一定的表演經驗後，走進金融保險才發現將魔術手法運用在業務上，更能將行銷力發揮到最大值。

火車魔術表演，在保險上的啟發與運用有：

一、觀眾是可以也必須教育的

二、要解決問題先拉袖子

三、最佳銷售是讓觀眾選中你要他選的牌

坦白說，在魔術學完之後，我覺得我應該是個天生的業務員。雖然經過服役時期夥伴的賞識邀請進所屬的大型保險公司訓練，但是，幾經思考後，之凡還是想為自己的理念背書，而不是僅為單一產品及特定公司背書。我想要擁有自己人生的主導權，所以我選擇了當時比少人選擇的保險之路。這樣一來，路的確是比較寬，但是，我該到哪裡賣保險商品？第一條路，直接開門見山問客戶，「你願不願意給我一個機會，讓我規劃一下保險，聽一下我的建議。」我想應該十個業務員中，有九個都是這樣開始的，但是之凡跟別人不一樣。我認為還有第二條路，簡單來說，就是人家講的，花若盛開蝴蝶自來。如果我大量跟人家講我在做這件事情，應該比一個一個單點突破來得容易。於是，我參加了很多魔術的演出跟演講的時候會埋梗在我的魔術表演裡，再鏈結到我的保險業務。

比如說，表演的最後我會變出錢來。「順便」問觀眾，「你知道我為什麼能夠把鈔票變出來？」觀眾一定會很好好奇，我再「順口」告訴他們，「因為我現在的工作結合金融業，當然變出鈔票是很簡單的。」「哇！那你在哪裡做？」這樣一來一往，我就引發了一些話題。最後順理成章地介紹了保險跟我自己。藉由魔術，我大量曝光了我自己，累積了很大群的人脈。一路下來，我發現，魔術有一個很棒的能力就是「做業務員」的能力。

我有一堂課很受歡迎的課程叫做「魔法行銷學」。我從學習魔術到成為一名嫻熟的魔術表演者的過程中，發現了魔術師的角色就跟業務員是一樣的。當一位魔術師想要把自己的觀念投注在一個完全陌生的人身上，要讓這個人去接受，甚至買他的單，就必須要讓觀眾喜歡自己的表演。

這就像我們要迅速把一個觀念帶給親友或者準客戶一樣。而在處理互動的過程中，往往觀眾會對魔術師有所挑戰。比如可能會噓表演者，「你這個我看過了啦！」或好奇地問，「你這個藏在哪裡？」是不是奧客？是！這時候要怎麼處理？該怎麼化解挑戰？這就考驗了一名魔術師的反應力。所以，魔術師跟壽險業務一樣會遇到奧客。那遇到奧客怎麼處理？很簡單，教育客戶。大部分民眾對魔術表演是沒有概念的。之凡必須坦白講，在多數講中文的華人圈子中對於表演藝術的尊重與認同度相對較低，通常表演會被歸類為戲子跟雜役。

但真正對魔術表演有一點接觸或概念的人會知道魔術表演是很被尊重的專業。魔術有所謂的「魔術三原則」：不能在表演前公開你要表演的內容、不能把魔術秘密公諸於世以及同樣的秘密不能變第二次。當我進行表演的時候，我會跟觀眾聊這件事情，先告訴他們魔術是有規範的。因為一定會有人問這怎麼變的？可不可以告訴我？可不可以再一次？與其拒絕這樣的觀眾，讓他們覺得自討沒趣，或者讓一個表演的過程產生不開心，那還不如教育他們。

同樣地，客戶也是需要教育的。很多業務抱怨不斷遇到奧客，但奧客其實更多是自己引導出來的。如果「一直」遇到奧客，自己也要負點責任。表演魔術的經驗讓之凡體悟到，雖然還是有一部分的觀眾（客戶）

沒有教化的可能，但其實大部分的觀眾都是可以教育而且願意接納與改變的。**只有沒有被教育過的顧客，沒有絕對的奧客，想要好客就自己教育！**

把奧客教成好客是業務的第一要務

保險業最大的奧客就是狂喊「退佣金」與「要回饋」的客戶。之凡在前陣子的停賣潮就遇到客戶「很有禮貌地」說，「我可以問一個不禮貌的問題嗎？你這個案件可以賺多少錢？你是有興趣做保險嗎？我是想知道佣金有多少？之凡經理，你們應該是沒有在退佣金吧？」我通常也會回給一個不失禮貌的微笑，「我跟你說，自從我做到專業顧問之後，從來沒人跟我講退佣金。假設如果你請一個律師幫你打訴訟，你敢跟律師說你要退律師費嗎？我們不會跟律師說要退律師費，因為那是專業。」這時候往往有效地停止了對方退佣的念頭。

有很多業務同仁為了成交保單，退也不是，不退也不是。但之凡要提醒大家，如果選擇退佣金，那麼退的是業務員的專業跟尊嚴。一但退了一次，永遠都要退了。雖然我們可以有佛心，選擇普渡眾生，但是眾生要吃飯，我們也要吃飯，再怎麼樣都不能做白工。有客戶問我，「之凡，你要退我多少錢？」我會非常溫和堅定地告訴他，「我無法退耶！因為**我賺的不是最多的酬庸，而是最合理的顧問與服務費用**。」很多人說，「你這麼多客戶，不差我一個。退我一個人，不會影響太多。」我也會笑著問，「阿姨，今天有人去你的攤位點一碗陽春麵，一個湯，兩個小菜，你能接受他結帳的時候跟你說，『你每天賣這麼多客人，你不差我一個吧！』」阿姨搖搖頭。

「是啊！你當然是不會接受的，因為那是你的專業，所以，一樣的，不能因為我會煮麵，就叫我煮麵，最後我沒有收入，起來做不下去把店收起來，你就得不到好的服務也吃不到好吃的麵了。」這樣通常會化解奧客的二度進攻。若是遇到奧客之最，硬要退，那麼之凡會果斷告訴他，「基本上退佣金是違反保險規範的。如果您覺得之凡服務不好，可以找別人也沒有關係。如果能不能退佣金是您決定購買保單的最主要原因，那或者，您跟別人買，找我服務也沒有關係。」話說到這份上，能不能成交，真的就是緣份了。但之凡鼓勵結好緣分，孽緣就要三思了。

「拉袖子」可以解決大部分的問題

魔術表演中最大的技能就是應對。之凡剛開始做保險的時候，沒有人知道我做保險才兩個月，不是因為我的公司特別好，也不是因為我特別專業，而是因為我的應對非常有邏輯且輕鬆自在。在我的感受中，很多人不懂保險。很多業務員也沒有那麼懂保險跟保險的價值，因為他們所受的培訓就是把一個產品賣出去而已。但是，壽險業的銷售是無法大量複製的，我們必須要想辦法找到自己的出路，這就像是戲法人人會變，各有巧妙不同。要常常思考，我可以分享給客戶什麼？為什麼這個產品適合這名客戶？為什麼對方要買它？當沙盤推演過，所有客戶的挑戰與情緒問題都可以順利解決。

從高中魔術車廂的練習開始，之凡在表演的時候沒少遇到過質疑，也從一開始的不知所措到最後練就一身應對的本事。比如說，我在藏東西的時候，會先把袖子拉起來，然後把手錶脫下來，我做這些動作就是在告訴我的觀眾，我沒有藏東西。如果我都沒有做任何動作，那很多觀眾就會開始想要質疑與挑戰表演者。

那為什麼我們不在挑戰出現之前就先將這些可能的問題處理掉？就像我們在進行業務工作的時候，從客戶的眼神，我們就可以判斷他的疑慮點在哪裡：客戶可能有保單的問題，可能有對業務員本身的質疑。此時，我們可以做兩件事，第一，找到（感受）客戶的問題，提前解決他們。比如說，想買新生兒保單的客戶最常問的是「是不是越早買越便宜？」不要等他問，我們一開始就把答案先拋出去，就解決了後續可能接踵而來的問題。

再來，解決客戶對你的疑慮。這種時候一定要第一個拉袖子，不能等客戶來扯。如果客戶質疑我們太年輕會有專業度的問題，那我會先告訴他：基本上我是一個新生兒保單的專家，很多人都推薦我。有沒有先這樣說，差很多。光這兩句，他就不會挑戰你了。這就是語言的應對技巧。客戶的問題百百款，但是有很多是我們可以掌握的。

之凡建議大家在給客戶觀念的時候不要給壓力，但是務必在客戶提出問題前，先把客戶的問題解決掉。為什麼要做這些動作？因為當我們事前解決了客戶的挑戰，後面的行銷就會特別順利。若讓挑戰發生之後再解決，就會有後遺症。就像癌症確診後進行標靶療法，努力卻不一定能根治，若還沒開始就用免疫療法把癌細胞處理掉，還沒病變之前就讓問題退回去，就沒有乾不乾淨的問題。

客戶一定會有問題嗎？不一定！有時候如果對方說他沒有問題，我們就要跟他說，「沒有！你有問題！」看到這裡，可能很多讀者朋友會問，「自己先把問題挑出來，不是搬石頭砸自己的腳嗎？」不！是搬石頭沒錯，但這是為了要讓自己安穩坐好，接下來可以輕鬆談。當我們把可能發生的問題先講出來，並做完善的說明，此時我們就已經搶先取得客戶的信任與認同，也「順便」藉由這個動作告訴客戶，我已經把別人問過的問題以及答案都告訴你了，那你還能有問題？

通常客戶到這個時候，都不會再問了。這就是把挑戰解決往前拉。

對很多業務來說，準備問題因應或自己暴露問題會有顏面或心理障礙要克服，當然我們也可以什麼都不準備，見招拆招。但是在客戶面前，我們只有一次爭取信任的機會，萬全的準備才能萬無一失地成交。**也許現在改變真的很痛苦，但未來會因為你不改變更加煎熬。**

讓客戶開心選中你想要他選的牌

表演魔術其實包含很多心理學的應用在裡面，很多魔術師會讓觀眾「自己」選撲克牌，觀眾會以為拿在手中的牌是自己選的，其實，這可能是魔術師引導所做出選擇的。我們在銷售的時候也是一樣。產品太多，我們要賣什麼給客戶？一般業務員都是通訊處希望他販售什麼，他就賣什麼，但是一個懂得銷售心理的業務，擅長得讓客戶自己在商品中挑到想賣的產品，舉例來說，我們想賣蘋果手機給客戶，但你拿五隻不同品牌的去讓客戶挑，客戶最後還是挑中你希望買的蘋果手機，而且覺得這是自己經過比較思考後的最佳選擇，心甘情願開心掏腰包買單。這就是我們說的「Magician's choice」（魔術師的選擇）。不過之凡要提醒大家，**銷售最厲害的強迫是讓你感受不到強迫**。

我們給客戶的選擇可以是引導的。但一定要確保讓客戶「有自己選的」的感覺。真正的業務高手不是有能力向客戶推銷產品，而是能夠讓客戶買到自己想賣給對方的產品，卻以為是自己選的。要非常清楚地讓客戶感受到，**我沒有推銷產品給你，我只是協助並尊重你的選擇**。這樣就成功了。

之凡曾經在夜市幫忙我的朋友擺攤賣魔術道具。剛擺攤的時候，有人跟我買了一副撲克牌。一個禮拜之後，他逛著逛著走過來問我，「你還在賣一模一樣的撲克牌？」我跟他說，「這不一樣啊！你不知道嗎？」我用同樣一副牌，變了一個全新的魔法給他看，「真的誒！不一樣誒！」於是，他開心地又買了一副一樣的牌。

就這樣，我用不一樣的語言、手法與表演風格讓他買單，最後我讓他買了三次三副同樣的撲克牌。牌的單價不高，我的成就感來自於我居然能把同樣的東西賣給他三次，而且三次他都心甘情願且開心地將牌帶回家。當然，他最後發現其實他三次買的都是一模一樣的撲克牌，也跟我略表了抗議。這就是考驗魔術師的「客訴」處理能力了。

當時我很淡定地對他說，「今天，我問你一個問題。第二次跟第三次的感動你還記得嗎？」對方點點頭。「一個魔術表演就是一個智慧財產權。如果你把同一本書看了三次，發現每一次的感動都不一樣，那麼你覺得這個感動值不值錢？」對方又點點頭。我馬上接著問，「你三次看我的表演感不感動？」他也點點頭。「那你覺得你這樣感動，才花一百五十塊錢，值不值得？」他笑著接受，開心的回家了。這就是業務力！銷售力！

・凡神之超凡錄勝・

★只有沒有被教育過的顧客，沒有絕對的奧客，想要好客就自己教育！

★也許現在改變真的很痛苦，但未來會因為你不改變更加煎熬。

★銷售最厲害的強迫是讓你感受不到強迫。

★我沒有推銷產品給你，我只是協助並尊重你的選擇。

3 當魔術技巧遇到保險行銷

之凡，你為什麼能抓住最佳時機？

因為我魔術技巧就是最佳的助攻。

魔術是一個國際語言。想要用保險認識一群人估計很困難，但是如果會一個表演，就可以娛樂這個空間的人。或許觀眾的觀感不一定都一致，但是，大家對表演者的印象一定相當深刻。那我不會魔法怎麼辦？

不是只有魔術才具有強化業務銷售的技巧。不管什麼樣的技巧都可以跟自己本身的業務去做結合，甚至任何職業應該都可以跟保險業結合。因為，對於「會賣」的人，任何產品都是一樣。如果一個人可以將女性內衣賣給一名男性，那他還有什麼不能賣的。之凡曾經遇到一個非常會賣衣服的五分埔銷售員，在轉職後變成了保險超業。他的業績之所以很好，是因為他將銷售衣服的時候累積的業務經驗與能力「無縫接軌」到保險這個行業。所以，不管我們處在什麼年紀或者之前從事什麼樣的工作，都要對自己有信心。每個行業的技巧都可以進化成保險行銷的助攻利器。接下來之凡將跟大家分享魔術技巧在保險行銷上的巧妙運用。

之凡將魔術技巧轉化到保險行銷上的作法有：

- 破題：讓觀眾變成表演場中的主角
- 轉場：成為玩轉話題的空間操盤手

・堆疊：種觀念也埋地雷

讓觀眾變成表演場中的主角

可能有人會覺得魔術比較像之凡的個人特色。那麼你的個人特色是什麼？如果有的讀者朋友很外向，喜歡交朋友、喜歡揪團吃美食或露營、旅行，或者有的讀者朋友是偏向內向的，喜歡種植花草、聽音樂、看展覽，那就去發揮個人的特色，也很棒。就算是網路阿宅也有可以突破的點。在行銷公司這塊讓我發現了新的市場，原來在網路上或者是我們無法觸碰的地方，也有大把的人脈存在。他們之所以躲在網路的背後，可能是因為不大擅長或者是沒有機會與人互動，我的成功之處不在當上行銷娛樂公司的總經理，而是在於我找到了這些人，然後把他們帶出來這個社會。比如說，我的行銷公司辦了很多的網路的活動，像是音樂會、與網路歌手的見面活動、粉絲的聚會活動或者是聖誕活動等等。他們會不會共襄盛舉？會！但是，如果沒有活動的催化與牽引，他們就不會現身。所以之凡建議，想要成為一名好業務一定要學會辦活動。有人會問，「我沒有行銷公司，也沒有辦過活動，怎麼辦？」那就把辦同學會的經驗拿出來！要牢牢記住！**想被看見就先讓別人被看見**。

辦同學會並不難，之凡的小學、國中、高中，甚至到大學都是自己一手包辦的。辦活動會讓你遇見原本碰不到的人，也能夠找回離開你生活圈的人。我專門辦活動來增加人脈的擴展，因為活動讓人脈的導入順理成章。但要如何讓手中握有的人脈變成有效的人脈，而不是僅止於交換名片，就要靠「自我介紹」的功力了。如果不懂介紹自己，就會被定義成「只是個拉保險的人」。後續就很難發展了。自我介紹不是向大家報告自己是做什麼的而已。學校教會我們很多知識，但卻沒有教我們如何好好介紹自己。

要如何介紹自己從事保險事業而不尷尬？要怎麼不讓大家覺得我只是要拉保險？之凡在這邊建議大家。**有效率有系統地偏向主持的角色**。先從問別人的專業開始。在聚會的場所，因為大家都不熟，就算平時活潑外向，這時候都悶騷著。**要何在一群人中表現自己？最簡單的方式就是先協助其他人表現自己**。

引導大家分享自己的專業，如果有問題就提出來，對方一定很樂意回答，而當所有人都講完，就一定有人會問，「那你是做什麼的？」就算大家知道你是做保險這一行的，也好像很合理。此時可以稍微留意一下，如果這個空間裡面出現了跟你做一樣事情的人，那麼，他不是跟你同業，就是有可能將來會成為你的夥伴。

客製化的自我介紹才有感

在達成目標的過程如發生阻礙，失敗的人便會改變目標，而成功的人卻是改變方法。當已經可以讓大家自然而然地接受我們是從是金融保險這一行的時候，接下來要思考的就是，當一個聚會場所出現了一個、兩個甚至很多個同業，要怎樣介紹自己，才會跟別人不一樣？之凡想到自己的一套說法。也就是在準備自我介紹的時候要思考怎樣講自己對保險的理念以及從事保險的理由。

為什麼要講這些？因為如果認識你的人知道你在做保險卻不知道為什麼而做保險，那麼你是不會得到尊敬的。只會讓人覺得你沒有方向。所以，自我介紹的時候，必須要講得讓人家「有感覺」。這就必須要搭配公司的理念、想法，跟自己的的願景、目標。同時還必須注意不能公式化照本宣科。**自我介紹要量身打造，最好專「款」專用**。如果我的談話對象是年輕人，我會告訴他我的願景：「我是之凡，我做金融保險與退休理財相關。

我覺得每個年輕人都要有做業務的經驗。我常常跟大家分享，如果你的行業跟大家的生活息息相關，市場永遠需要你！雖然台灣的餐飲市場很大，但是壽險市場一年也有一兆多的金錢流入。我們這麼年輕為什麼不去挑戰金融市場？在台灣還有什麼市場這麼大甚至以已經流行幾十年？」這時候，大家會覺得這個年輕人很有宏大的願景與衝勁。如果我對比較有社會經驗的朋友做介紹時，我會跟他說，「你知道保險業務員跟理專就像是專業風險管理跟財務顧問師，都該是要以公益、善念本質為主。」得到認同真的很重要。

在活動中因為大家的互動很自然，所以，有時候我們可以大方地介紹自己，但是鎖定在「比較好經營的對象」。也就是說，觀察人群中對你接納度比較高的人，因為在一群人中，一定有那種耳根比較軟容易被說服的人。比如說，觀察人群中誰聽過你的敘述之後眼睛一亮的，那個就是可以暢談的對象。

當我們在主持介紹的過程，就有機會可以瞭解對方。參加聚會的人不一定都是嗨咖，對方可能是無聊的工程師、日夜顛倒的保全或者是較被動內向的人，像有些人不是不出來聚會，而是本身不懂怎麼約人，也沒有人約那種。之凡一次會鎖定四、五個人一起聊。記得在活動中不能講太多保險，在會後再去抓自己想要發展的人經營下去，這有點像是漏斗理論。順帶提一點，為什麼之凡喜歡多元斜槓？比如說我很愛做菜。那可不可以約一、兩個人改天一起做菜？或者是我很愛吃東西，那麼就可以跟大家分享有什麼食物很好吃，大家改天一起約去吃之類的。所以在聚會結束之後，我會一個一個去約，可是我約並不是把人約出來喝咖啡、聊保險，如果是有目的性地約，一次、兩次之後就會有風聲傳出去，這樣以後就更難打進別人的圈子裡了。

人脈經營要細火慢燉。但是無論如何，在這樣的聚會中，大家都是希望去進行人脈的交流跟轉換，所以不管我們辦的是哪一種「會」，一定要讓賓主盡歡。不管參加者的成份為何，之凡都會儘量讓活動氛圍活絡融洽。畢竟，有了好的開始，才有未來的繼續。

訓練自己當玩轉話題的操盤手

新手剛開始做保險的時候，不僅開口自我介紹有尷尬癌，想要分享產品與保險關聯還常常找不到適當的切入點。很多人問之凡，什麼時機點切入商品是最重要的？什麼時機去談到保險這兩個字不會讓人排斥？我們都知道掌握時機很重要，但時機也有天然的時機跟人為時機。之凡建議業務員平時要把持敏銳度，掌握市場、社會議題、話題跟疫情狀況。

當我們掌握社會脈動，天然時機就出來了。**一位成功業務，必須具備能把客戶的問題變成促成銷售的關鍵因素**。

比如說年金改革，就是一個時機。不可否認，有些軍公教領域的民眾或者是家裡有從事軍公教相關領域的人就是會有這個擔憂，這時候要怎麼開口談年金？如果之凡跟這樣的族群朋友見面了，我會打趣說，「都你們啦！害我現在很忙。」他們一定會問我為什麼，這時候我就繼續往下講，「最近不是在改軍公教的什麼，像我這邊多很多軍公教的客戶都很擔心。」這時候，他們會開始好奇，「那會有什麼問題？」「那軍公教這樣改革越來越差或者是溫水煮青蛙，所以就算是捧鐵飯碗的軍公教也要運用現有的資金幫自己創造自己的退休金。」通常聽到這樣說，對方就會問要怎麼做，然後然後發現自己好像什麼都沒做。

這時候可以跟他說，「沒做沒關係，有自己的規劃比較重要。」記住，不要一聽到對方說自己什麼都沒做就急著銷售，要留段時間「讓子彈飛」。對方可能會說，我也沒規劃，然後繼續聊下去，這樣很好，但是如果不聊也沒有關係。之凡從來不逼客戶，**比起握在手中，有時放手才能獲得**。我會有耐心地讓觀念發酵，但也不時地戳一下，讓對方「有感」。

真的天然時機難逢且不可控，假的人為時機卻是可以創造的。之凡在這邊跟大家分享一個人為時機的創造方法，這可以套用在任何情況上，要賣什麼都可以。雖然這個撇步有點小故意，但是很有效果。比如說，去年夯失能照護保險。不管是想要賣產品或者是分享這則消息給客戶，該怎麼在見面的時候或者餐會場合來說一個保險？說來簡單，就是要讓大家覺得你看起來很累，或者散發出你覺得很疲累或者很忙碌的訊息。

讓大家來問，「怎麼了？」接到球之後，就可以抱怨一下，「還不是那個失能照護險，害我這麼累！」這樣就能開啟話題了：「政府未來無法給你長照的保證，只能給部分補助。現在民眾想要面對老年問題，只能自救，那現在一個月只要花一兩千就可以解決老年安養問題，所以很多人都來找我，我當然很忙啊！那你對你的老年有什麼規劃？」接著就是說明產品的時機了。

一環扣一環，這種技巧，表演裡面叫做「轉場」。把對話的場景像舞台劇一樣轉過來，而且要合理地轉過來。用這種方式聊天會越說越久，到最後整個對話的話題都是你操控的，你才是整個空間的操盤手。這就是人為的時機。可能有人會問，這樣會不會心機很重？之凡認為，這只是一種業務技巧。最後就算朋友知道了你要賣他保險產品，但他是不是已經先認同你了？是啊！這就像我前面提到的，我可以賣三次同樣的牌給同一個人是一樣的道理。

賣觀念時請「順便」埋地雷

很多人不敢做保險或者有瓶頸是因為抗拒銷售這件事。但如果我們賣的是觀念，那麼就沒有那麼多的銷售壓力，因為觀念並不用錢。雖然賣的觀念無價，但保險業就是大數法則，如果能跟一百個人講，可能就有幾位在當下便被感動。而且就像在「投資感動」一樣，時間會自然發酵。

三年、五年後堆疊下來真的很驚人，之凡一路讓觀念發酵到現在，推薦過來找之凡買保險的人非常的多。**要表演魔術，先賣關子，要成交保單先賣觀念。在表演中堆疊期待，才有最大的驚喜，而在保險業務中，發酵觀念，才有永續的保單成交**。這是我自己在魔術表演中感受過來的。於是，之凡創立了「觀念式行銷」。而我在創立「觀念式行銷」的同時，也發明了「地雷式行銷」。什麼是地雷式行銷？簡單來說，就是當我在跟客戶講觀念的時候，就把觀念埋在他們身上了。為了讓客戶主動來跟我買保險，之凡不是賣保險而是花大量的時間賣觀念，也就是我種下一顆希望的種子，同時，我也埋地雷在客戶心中。那這跟觀念式行銷的差異在哪裡？其實兩者間的差別就在於觀念會驅動客戶的購買欲，而觀念裡的地雷就是阻卻客戶購買的警鐘。

例如說，當客戶接到電話行銷打來推銷的產品，一聽，心想，這不是之凡說要特別注意的商品嗎？或者，這不是之凡說要深入探討的話題嗎？碰！對方就被我們埋在客戶身上的觀念地雷炸掉了！任何事物都有一體兩面，很多第一線的業務夥伴抱怨電商、電銷跟銀行來搶生意，其實，現在反而是運用地雷式行銷的好時機。

這樣就是零成本將潛在的競爭對手轉成自己的業務員，當他們來找你的客戶，你的準客戶就回頭來找你了。做業務怎麼可能不會遇到競爭對手？怎麼可能不會遇到景氣循環？**暴風雨會不會離去是一回事，你能**

否在風雨中翱翔卻是另一個境地。

‧凡神之超凡錄勝‧

★想被看見就先讓別人被看見。

★在達成目標的過程如發生阻礙，失敗的人便會改變目標，而成功的人卻是改變方法。

★一位成功業務，必須具備能把客戶的問題變成促成銷售的關鍵因素。

★比起握在手中，有時放手才能獲得。

★暴風雨會不會離去是一回事，你能否在風雨中翱翔卻是另一個境地。

第三章

窮思維與新能力

從做中學習體悟必能舉一反三

寫給想要從生手變成保險高手的你：
誰說要擁資歷才是成交保單的保證？
處在任何階段都有成長與突破的可能性，
不是天生好手的我們照樣能成為頂尖高手。
讓我們一起丟掉窮思維，成就富人生！

1

從新手到高手之路

之凡，你為甚麼可以一直保有熱情？

因為我除了自燃之外，還懂得助燃。

不管從事哪一行，都會有新手的挫折與焦慮以及老手的迷思與盲點。保險業務的熱情很容易在不斷碰到的拒絕與否定中被澆熄，從熊熊大火變成將息未息的餘燼。從事保險這一行想要跨越新手的碰壁、突破老手的瓶頸而成為人人稱羨的保險高手的真的很難嗎？

不，之凡想跟大家分享，或許一點也不難。

想成為高手，請先問問自己：

一、在新人階段，我懂碰壁的硬道理嗎？

二、我有阻礙自己升等的窮思維嗎？

三、面對新世代，我有哪些優勢？

你的保險人生正走到哪一「手」？

保險新手的挫折—碰壁難免，但你可以磨練自己飛簷走壁。

甫進入保險業的新手同仁，常常苦著一張臉問我，「我才剛開始做保險，我都不知道該怎麼辦？」或者，「我什麼都不知道，到底要準備些什麼？」我就跟他說，「你要努力下市場啊！」「啊？！！我知道啊！但是，我還是不知道要怎麼做啊！」面對著那一張一張寫滿了問號的臉，我一時半刻也不知道要怎麼回答，突然間，辦公室新添購的掃地機器人從我的腳邊滑過，於是我靈機一動指著掃地機器人對他說，「你就是跟他一樣就對了！」「啊？！」對方循著我的手指頭望過去，掃地機器人一路碰碰撞撞地從他視線離開，「掃地機器人？！」

「對啊！掃地機器人！你知道掃地機器人最常做的事情是什麼嗎？」

「當然是掃地啊！」

「不對！是碰壁！」

「所以……我要去碰壁？」

「對！但不是隨便碰壁。你看掃地機器人在掃地的時候，看似橫衝直撞的東碰碰、西碰碰，但是實際上，掃地機器人走過的路徑，哪裡有階梯、牆壁或障礙物，系統都會記錄下來。所以，你看掃地機器人好像一直在碰壁，但它不是只有碰壁那麼簡單，其實他是在『掃描區域』、建立資料庫。所以，我們『下市場』的第一步就是先完成『掃描區域』。」

「我有掃啊！但總是碰了一鼻子灰。」

「那你知不知道掃地機器人為什麼要先掃描區域？那是因為他要先畫出自己的專屬平面圖。你在掃描區域的時候，有沒有像掃地機器人一樣畫出自己的平面圖？知道哪裡有障礙要克服，又或者哪裡是跨不過去的坎呢？做業務這份工作的人一開始最害怕的就是失敗，我也曾經一天面談五位客戶，五個都不理我，其中還有一個罵我，告訴我保險都是騙人的。

所以，碰壁是正常的。雖然掃地機器人在掃描區域的時候常會遇到障礙物甚至是垃圾，但是碰壁久了，就知道牆壁在哪裡，或坎的段差有多高。你知道掃地機器人也是會進化的嗎？進化後的掃地機器人甚至是可以跨越段差的。」

「但是我總不能一直碰壁吧？這樣久了心很累誒！」

「所以，你還是要像掃地機器人一樣啊！」我笑了笑，指著掃地機器人對他說。

「吼呦～，為什麼又是掃地機器人？」

「你看，掃地機器人不會一直掃不停，對吧？他也會有沒電的時候。那沒電的時候該怎麼辦？回家啊！要定時回來充電，對吧？」新人點點頭，我接著對他說，「所以，你也是要定期定額充電。要規律學習、要培養工作習慣，這樣自然不怕碰壁。」

「老闆，你這樣說，我覺得很有感覺誒！我要去努力了！」我講到這裡的時候，發現剛剛還一臉困惑的新人，眼睛突然亮了起來，說完他要去努力，就開心地走了。掃地機器人依然在辦公室橫衝直撞，我看著從我眼前橫過的掃地機器人，也覺得很有意思。多數新人在跑業務的時候會想得太複雜而不敢去嘗試。

之凡建議新人做保險要有掃地機器人的精神。雖然掃地機器人是很普遍的家電，但是他有一個非常棒的特性，剛開始到一個空間及環境，掃地機器人會到處走，到處碰壁，到處遇到障礙物、樓梯、轉角，但是經過快速掃瞄完之後，可以取得房間的數位化模擬圖。

這種感覺跟新人做保險是一模一樣的，在做業務之前，不需要老想像「牆壁」在哪裡而不敢前進，只要往前走，就算遇到牆壁又怎樣？久了，就會知道哪裡有障礙物。過程中也可能瘋狂遇到障礙物，但是，幾次下來就會開始有「感覺」，開始建立起自己的快速順暢路徑，然後在不同的空間及領域中，完成每天的任務！

至於定期的充電是必要的。許多新手在我建議他們學習某些項目的時候會脫口，「可是我覺得我好像不需要學這個談！」我們都知道，運用「我覺得」去判斷「需不需要」學習一項專業或知識是不精準的判斷方式。坦白說，即便是我自己本身已經脫離新手的階有段很長的時間了，都還是保持著開放的態度在學習與吸收各種不同的專業。在我看來，新手剛進保險業就像是進入義務教育階段，所以新手的學習應該在廣而不在於深。

什麼都會一點其實是好的，這樣才能掌握到自己真正需要的。連業績已經非常穩健的我，最近也開始在學習陌生開發的技能。**我學不代表我不會，而是我想要更精、更好**。也許哪天我可以把這個技能教給未來真正需要的業務夥伴。此外，我也規劃時間考取退休理財規劃的證照，因為在目前這個時代，退休規劃的致勝點不是在老年而是在「年輕」的時候。就是因為沒有錢，我們才需要理財跟風險管理。

身為新人，要能不抗拒學習。就算學了之後發現不好，也要知道到底哪裡不好、為什麼不適合。這樣的掃地機器人精神甚至可以衍伸到各行各業中。只要是業務員，不管身處在保險公司或保險經紀公司的業務人員都是一樣的。新手要像掃地機器人一樣，不怕碰壁，建立自己的地圖與定期的充電，那麼相信不管身處什麼樣的環境都能快速有效率地完成自己的任務。

保險老手的瓶頸—力求安穩是必然，但你不能居安而不思「為」。

很多保險從業人員在經過數年的工作之後，倦了、累了、膩了或有年紀了便不想再為業績拼搏了，於是久而久之便成為了市場上所謂的

「保險公務員」。坦白說，現在的生態裡，處於這樣景況的人還真的不少，我們姑且將他們稱之為「保險老手」。老手最大的瓶頸便是找不到點燃自己熱情的火或是突破現狀的關鍵方法。於是只想求生活穩定，領著不上不下的收入，過著溫飽卻好像無法成長的日子，這樣其實是危險的。當收入一成不變，卻必須面對客戶凋零、通貨膨脹或者是不預期的支出時便會捉襟見肘，甚至入不敷出而產生焦慮與不安。

居安必須思「為」，該檢視自己的當下是否有其他「作為」。當然，不只是老手，這句話適用於所有人。就算緩慢到只有零點一，都不能停止成長。保險業務老手很常處於一種不上不下的尷尬。坦白說，老手的社會條件如果不高，那麼，常常是離開保險之後就什麼都不是了，所以，成了賴在公司裡當一個沒有熱情與動力的螺絲釘保險公務員。

如果生活可以平穩的過，那當然很ＯＫ，但是如果碰到像是直營店吃加盟店的情況：老手花了時間經營，但是卻被要求業務量不斷地提升，感覺業績變高卻沒有實質上生活品質的提升，造成疲乏。甚至是收入維持相當，幸福指數卻明顯下降，導致嚴重的無力感。此時，就是一種潛在的危機醞釀，我們必須要正視自己內心的聲音，去思考目前當下的工作是不是自己的生活重點，如果不是，那麼可以多到外面的世界去看，或者讓自己從老手的狀態調整成「類新手」的心態去思考要怎麼提升自己的條件與外環境。

畢竟工作與家庭必須取得平衡，絕對不要為了工作而去做無效的努力。很多人說，努力不一定會有成果，但是不努力肯定一事無成。其實，努力也可能什麼都沒有。之凡不得不提醒大家，**在這個時代，連努力都有分對的跟錯的**。很多人努力到最後會發現「無效的努力」到頭來只會有誤會一場，**我們努力所要取得的不是工時的更長，而是幸福的增長**。身為老手，是不是該努力？要不要繼續努力？要怎麼努力？是要比新手更審慎與全面思考的。不要站在原地思考可以嗎？當然可以，之凡必須告訴你，當高手吧！這確實比當老手快意且更有機會。

保險高手的突破—高手人人想當，但你思維要正確。

很多人問我要成為保險高手有什麼方法或訣竅，之凡認為，方法是治標用的，要治本還先得有心法。我們想要改變口袋的厚度，得先要改變自己的腦袋的高度。是的，**要改變看得到的東西，要先改變看不見的東西**。

所謂江湖一點訣，高手人人想當，突破點就只有：不要成為你最討厭合作的人。只要做到兩件事就好：「發現」跟「不要」。

首先，仔細地問問自己：你最討厭和什麼樣的人合作？

要分辨什麼是窮思維最簡單的方法就是，想一想自己最討厭和什麼樣的人合作或者當朋友，此時，你腦袋可能會出現的像是小氣、自私、愛找藉口等等，再想想，這幾個你最討厭的特質，是不是跟之凡接下來會跟大家分享的**五大窮思維：小農、省錢、獨享、條件以及不行**很像，簡直就是一模一樣對吧？

接下來，堅定地告訴自己：我不要成為那樣的人。

只要不要成為自己討厭合作的那種人就能迎來人和。就像查理・蒙格曾說的，「如果可以的話，告訴我我會死在哪裡，那我就不要去那裡。」同樣的道理。當我們不會成為令人討厭的人，那就會是大家所喜歡或接受的人對吧！這也就是基魯理論所提到「負負得正」的道理。

既然思維的定調是成為高手的根本，之凡接下來就要跟大家來探討一下什麼是「高手思維」。

・凡神之超凡錄勝・

★工作上難免碰壁，但你可以磨練自己飛簷走壁。

★在這個時代，連努力都有分對的跟錯的。

★我們努力所要取得的不是工時的更長，而是幸福的增長。

★力求安穩是必然，但你不能居安而不思危。

★當你發現你想的都跟大家一樣時，你就應該停下腳步思考了。

★要改變看得到的東西，要先改變看不見的東西。

★不要成為自己討厭合作的那種人就能迎來人和。

2 檢視腦中的五大窮思維

之凡，你為甚麼可以成為保險高手？

相信是因為我沒有窮思維。

不管想要成就任何事情，之凡都認為，心念始終決定一切。**樹葉是在自由飛翔，還是在枯萎墜落，取決於你看事情的心態**。所以，想要成為保險高手，先問問自己，「我具備高手的思維了嗎？」

很多人問我，「之凡，要具備高手思維一定很難吧？」

我的回答很簡單：「不難！**想擁有富人生，要先放棄窮思維**。」

九成多的保險從業人員無法成為保險高手的原因在於腦海中根深蒂固的窮思維讓他們一直「卡關」而無法進步。那麼，想成為高手之前，先檢視自己的窮思維指數有多高，就知道自己離高手之路有多遠了。現在我們就一起來看看，避免成為高手的五大窮思維你有沒有？

◎你是擁有「小農思維」的勤農夫嗎？

在保險業裡的「小農思維」指的是不思自我成長與拓展業務版圖。如果每天只汲汲營營於耕耘自己的一分二畝地，或像那些只願意做自己事情的業務員，在有限的時間與精力之下，總是沉浸在自我框架中，當然怎麼努力，最終都無法將保險這塊餅做大起來。

◎你是深植「省錢思維的」精算師嗎？

這個概念很容易從字面上理解，當你凡事斤斤計較於省一毛五角錢，別人幾乎無法賺到錢也得不到好處，當然更不可能也讓彼此賺到錢，試著用你手中的一元去賺回十元的價值，而不是守著你所掌握的一元。老用「省錢思維」來經營保險這行業，到最後會發現，你省的是小錢，但沒賺到你口袋裡的絕對都是大錢。

◎你是緊抓「獨享思維」的寡佔頭子嗎？

「獨享思維」包括兩個大面向，一個是資源，一個是能力。很多公司的中高階主管都手握著的大把資源與能力不放，認為資源分出去恐怕就沒有了。心想，把大家教會了，對手可能就多了。這就是很傳統且經典的獨享思維，一旦有這樣的思維，就算是努力開枝散葉，也都將無法做大，主管們要如何「善用」與「廣用」手上所擁有資源與能力絕對是一種大智慧。

◎你是受限於「條件思維」的觀望者嗎？

所謂「條件思維」是指必須要達到某個條件，才能去做某件事情的思維。比如說，我要達到一定的業績成就，我才敢開始賣保險給我的家人朋友，或者是，我要做到自認為得「很好」，才要開始做招募與組織增員。甚至有人說，「那我還不會，那我就先不要做好了。」擁有這樣思維的人，在保險這充滿挑戰與崎嶇的道路，會想先走穩一步才肯往前再踏一步，大部分的時間都處於躊躇不前。那麼之凡必須告訴你，**因為你穩定的不成長，你也會同樣窮得很穩定**。畢竟，技術可以傳承，但經驗是無法的。

◎你是卡在「不行思維」的跛足者嗎？

很多業務夥伴，在面對困難的時候，都太快太容易告訴自己「不行！」「辦不到！」，但其實就像魔術沒表演到最後，觀眾根本不會知道把戲裡的驚喜是什麼一樣，很多事情走到最後如果能帶來好的結果，就會是一場優質的演出。因此，沒有盡力到最後，怎麼知道知己行不行呢？

再次強調，要成為保險高手不難，丟掉「窮思維」就行了。其實，以上「小農、省錢、獨享、條件與不行」這五大窮思維中，只要我們能避免發生其中兩項，就離保險高手不遠了。怎麼說呢？之凡這邊跟大家分享幾個自己親身逆轉勝的案例。

首先，之凡想跟大家聊一下不管是保險從業人員本身或者是一般人都很常會有的「自我跛足」心態。這類人往往還沒開始就先畫地自限了。會給自己找足理由告訴自己不行，或者是給自己下一定的條件才要去做某件事。但我和別人不一樣！

記得這件事情發生在我剛進入保險業六個月的新手時期，當時，朋友說想為母親買一份長照類的失能照護保險，約我到家中跟母親與家人做解說。當天我去到現場的時候，發現五口的家庭卻坐了六個人在客廳中。我坐下來後就看到坐在對面的阿姨衝著我直笑，笑得我心裡發毛。朋友告訴我，這位阿姨是母親的好閨蜜，是位在某大人壽保險公司服務二十六年的區經理。當下我覺得情況不妙，撥空跟主管回報時，主管只跟我說了一句話，「回家吧！孩子！」

坦白說，我當下實在很不想回家，因為大老遠一趟都到了這裡，怎麼可以什麼都還沒講就回家呢？相信正因為當時的我沒有「不行思維」，所以那時候告訴我自己，那就談談看吧！這位阿姨雖然資深，但或許她只是老手而不是高手，我賭她也許不夠了解保險最新的一些態樣資訊等，努力讓「新」成為我的優勢。這一場對戰，足足打了五個回合。沒想到因為「不認為不行」，所以到最後，居然變成「行」，而且「很行」。

第一回合當然是先協助比較分析各家的產品優勢與規劃的價值，由於那時候自己手上規劃的商品在各項條件上明顯優於對方手上的商品，加上對方對於失能類產品並不熟悉與理解，所以贏得第一回合，佔到先機。

第二回合，資深保險阿姨以我太年輕為由，開始主打「業務資歷」。對方認為我看起來資歷並不深。「您覺得我像做了多久呢？」我笑了笑，輕鬆地問。「不超過三年，頂多也不超過五年」阿姨經驗老道的回覆，並認為自己已經做了二十年，一定比我這毛頭小子穩健。「您真的很會看人！」我順著她的語意誇讚，也讓她鬆下心防。況且我當下其實是高興的。

畢竟我才只做六個月的保險，卻在對方心中被認定擁有三到五年的資歷，可見我應該有展現一定的專業度。在我同意了阿姨的看法後接著說，「經理，您跟媽媽一樣年紀，也快要是退休享福的時候了。這種需要長期照護的保單，更應該由我們年輕人來接手服務。這個保險也許在您們六、七十歲的時候才發生需求，您的年紀跟媽媽也差不多，屆時還要麻煩已經退休的您，這在服務上確實可能有些辛苦！況且，這是孩子給父母的一片心意，媽媽本身也覺得非常欣慰，所以我覺得，我來做這個服務角色是最適合的。」當我這樣一說，保險阿姨也沒有辦法不同意了，我紮實地說到了重點，更何況沒有人會否定孩子為母親購買照護保單的心意。

第三回合，保險阿姨開始評比雙方所隸屬的公司。「你這間公司，我怎麼聽都沒有聽過？」這位身為大型保險公司區經理的阿姨表示連我所屬的公司都沒聽過。但其實我服務的公司也算是業界數一數二的大型公司了，保險阿姨還是不斷明示暗示我的公司有發生倒閉消滅的可能。

遺憾的是，保險阿姨的擔憂明顯是多餘的，更讓我在此處找到空隙立即反饋她說：「經理您是不是擔心我們公司要是不在了之後，連帶保險服務或保障也將打了折扣？」阿姨立刻表明：「對！對！對！」，我便刻意的語重心長地表示，「我們公司成立近三十年來沒換過經營人或經營不善的狀況，但經理您的公司其實在多年前才剛易主轉換經營者，我相信服務也沒有打折扣吧？」接著我還不忘誇獎一下保險阿姨，「畢竟有經理您熱心的服務再加上嚴密的保險法規，客戶的權益都是有被守護住的。而我，同樣有著專業且用心的服務熱忱與相關法令規範約束，可見這個問題，相信是不用擔憂的。」此時，保險阿姨再也無法反駁下去。

第四回合，保險阿姨接著試圖攻擊保險經紀人公司所代理的商品可能都是些名不見經傳小公司的商品或者是市場較弱勢的商品。這瞬間，我突然越來越有信心，便對保險阿姨說，「經理，您有聽過某某金控集團嗎？」「我今天為媽媽規劃的這份保單其實正是這家大公司的商品唷！相信經理您絕對不陌生。這間擁有金控背景的人壽公司甚至不會比阿姨所服務的公司還小間，而且以穩健度或保障面來說，也完全不會輸給經理您所屬的公司。」說到此，我順勢再次拿出商品規劃書與試算，開始大家做更詳細的說明……

第五回合，或許沒有「東西」可以再打了，於是開始打起了「感情戰」。保險阿姨接著說她跟媽媽之間已經有二、三十年的感情了，所以服務上肯定是會是最好、最理解的。我當下立刻馬上點頭認同她的話，不過也立刻轉頭跟媽媽說，「阿姨，經理講的完全沒有錯，這張保單也是您兒子對您的心意，我以後跟您的兒子也會像你們一樣有著延續二、三十年的情誼，所以媽媽一定可以放心交給我來為您與家人服務的。」

接著，我轉頭問這位資深的保險阿姨，「那，經理您還有沒有覺得哪裡不大適合的呢？」只見這位阿姨楞楞點點頭說，「好像……還不錯……。」最後我成功簽回了五張保單，而這結局直接嚇掉當時主管的下巴。**面對任何事，我從來不先會想我不行。既然要輸，就玩玩看啊！只要贏了不就都是賺的**。而且，我也不認為我要達到多少的資歷才能來談這張保單，**因為我的人生從來都不設限，當然我的成果也會無限**。

另外我也想要分享的是擺脫小農、省錢以及獨享思維的海闊天空。在這邊，之凡必須要先說明「保險業」算得上是一個非常傳統的民生產業。不少在保險公司運作的夥伴都非常地「精省」，不論是給予業務的獎勵或激勵策略、辦公環境的氛圍設施打造等等皆秉持著「勤儉持家」的態度在經營。就連之凡當初踏入這行時也遇到同樣的處境。雖然我是被目前所服務的公司理念吸引而來，但一開始的時候也同樣面臨相對老舊且精省的辦公環境。

並沒有花太久的時間，我就開始發現並感受傳統的「精省」有它的局限性。我一直在思考，這樣的環境是我期盼建立的職場？要如何去吸引更多的人才加入我，甚至與我共創大業呢？也許很多保險公司有成本精算與傳統規範框架束縛，但之凡深信給予業務與顧客良好的環境是一件非常重要的事，如果我們沒有擁有一個像樣的地方，將無法給予更多客戶信任感的強化與信心，也無法招募到更多優秀的人才。我當時便希望打破「小農思維」。即使默默耕耘，我也不願只在一畝二分地上流汗。之凡期盼更大化地實現版圖與建立保險王國。

很快地，「省錢思維」也被我們勇敢地拋下，我們團隊從頂級的商務中心聯合辦公室起家，不斷的擴大勢力與業務實力，最終建造了完全屬於自己的辦公室與接待中心，成功提升整體的質感與形象。不但在客戶心目中建立了專業的品牌認同，更讓客戶看見我們期盼脫穎而出的決心與努力。當然，也因此招募到相當優秀與有志一同的夥伴與我們一起成就大業。

另外，之凡認為「保險創業家」跟「傳統保險業務」的差距在於明白「自己要的是什麼」以及「什麼是自己所要負擔的」。很多人覺得我們的做法中有很多開支都是要自己負擔的，有點「不聰明」。但是，也正因為這樣，我們對於自己的「空間」有很大的主導權與決定權。這也代表了我看待事情的維度將會是不一樣的。

相信每天早上醒來是為自己的事業奔忙還是為老闆的事業操煩在心境上是完全不同的。很多做保險的人常喜歡抱怨，雖然在所難免，但那是無法解決問題的。想想，若自己真的是一位老闆，一但有問題發生，在第一時間，我們做的會是抱怨還是立即思考該如何解決問題呢？我想，答案是呼之欲出的。

很慶幸的是，因為我們沒有「省錢」及「小農」思維，所以聚集了一群同樣具備創業家精神的夥伴一起奮鬥，而且，之凡可以很驕傲地告訴大家，在我們的團隊裡面，完全沒有「獨享思維」的存在，所有的一切都是「共享」的。不管是資源、人脈經營、銷售或服務的方法，大家都能相互分享與學習，最後也共同擁有這些技術。然而，想要打破「獨享思維」的關鍵就是，你自己想不想要把資源放出去跟你願不願意把方法與經驗法則都說出來。就拿魔術表演來說，很多人認為，如果我把魔術怎麼變出來的方法跟竅門都跟你說了，那這樣魔術就不值錢了，所以非常堅持魔術是不可以外傳或是不能無償學習的。

但是同時也有另一派的人認為，魔術是必須被理解的，這樣才會有源源不絕的新魔術誕生，才會有人想到更特別的方法去演繹詮釋出更好的表演。之凡在這邊並非要聚焦在討論誰的說法較為正確，在我所屬的保險業，我相信**唯有建立一個充滿學習與強者聚集的氛圍才是一個團隊壯大且永續經營的關鍵**。

當然也很多人問我，「之凡，你都教會大家怎麼做，那大家都會了啊？」我的回答是，「好比戲法人人會變，但巧妙各有不同，有什麼關係呢？如果是有用的方法，那大家都會，我們的團隊將可以一起做得更好，又或許被碰撞出更多更好的方法與技巧，何樂而不為呢？」可見，

「獨享思維」實在是擴大經營的大忌諱啊！

從我分享的這幾個例子，大家應該可以明顯看到高手不過是懂得刪掉阻礙成為高手的窮思維。之凡必須誠心說，每個人都是高手，關鍵在看懂自己了沒有？

•凡神之超凡錄勝•

★樹葉是在自由飛翔，還是在枯萎墜落，取決於你看事情的心態。

★想擁有富人生，要先放棄窮思維。

★去除「小農、省錢、獨享、條件與不行」思維，便能踏上保險高手之路。

★因為你穩定不成長，你也會窮得很穩定。

★面對任何事，我從來不會先想我不行。

★既然要輸，就玩玩看啊！只要贏了都是賺。

★當人生從來都不設限，成果當然也無限。

3

建立新世代的能力

之凡，你為什麼不擔心新人？
因為新，所以可以不一樣。

多數傳統世代的保險業務員著重在人與人的交流上，所以對於人際互動有把握的人，在經營保險事業這個區塊往往會如魚得水，彷彿只要能言善道又懂溝通就是成交保單的保證。但是之凡發現，保險新世代有他們專屬的美麗與哀愁。換言之，他們所具備的特質與將要面對或克服的主客觀條件與傳統世代大不相同。

誠如大家所知道的，要讓電腦運作順暢，我們得要先進行「de-bug」的動作。而要「除蟲」就得抓到「蟲」，所以之凡想先來跟大家談談保險新世代的「bug」。坦白說，因為生活裡的一切往往來得太容易，所以，這一個世代的人相較於傳統世代來說是比較缺乏野心與耐挫力的。在這一點上，我們可以從兩方面來看，第一，現在的孩子並不需要經過傳統擠破頭的聯考就幾乎人人有大學可以唸，非常幸福，但也因此沒有了競爭的衝擊，也較缺乏野心與耐挫力。

再來，在手遊的即時效應推波助瀾下，一場遊戲的時間長度往往在十五分鐘內就結束，所以也養成較為急於求成的缺乏耐性特質。這兩點造成了新世代相對容易挫折與找不到成就感。那麼，新世代不適合從事保險嗎？當然不是！**生活從來不會否定任何人，就怕自己先否定了生**

活。還記得我們提到的窮思維中的條件與不行這兩種嗎？若因為這種新世代的普世特質就認定自己不適合保險這門事業，那就太可惜了。之凡必須告訴你，**與其思考如何減少自己的短處，不如用盡心思去發揮你的長處**。

事情都有一體兩面的。在「快時代」與多元環境下，拜教育方式的彈性鬆綁以及電腦與網路發達所賜，新世代相較於傳統世代的最大優勢有三點：「強大的資訊整合力」、「社群媒體運用力」以及「創意思考力」。

若能好好發揮這三點，便能創造出自己獨特的不可替代性與贏面，不屬於新世代的傳統保險從業人員當然也可以在這三方面多下功夫，讓自己好上更好，當然就不用擔心未來會被替代。所以，身處這個時代，無論是想要進入保險業的新手，想要突破自己的老手或者是想要維持戰力的高手，之凡都建議問問自己有沒有這三項利器：

◎你擁有一定的資訊整合力嗎？

之凡不得不說，在這個時代，**資訊整合力就是你的超能力**。**當客戶第一個就想到你，你便讓自己成為了影響中心**。這樣的你在客戶心目中便佔有不可替代的絕對重要性。千萬不要怕麻煩。拿我自己為例，客戶從出車禍事故到家裡想要換貓砂品牌都會打給我。這代表什麼？當客戶遇到什麼情況都會打給你，這代表你就是客戶的解答中心。甚至我建立了一個「什麼事情都可以問我，如果我不會，我就替你找到答案」的人設。也就是說，我塑造出了一個你有什麼需求都可以問我，我一定馬上替你解答，如果是超過我能力範圍我沒辦法馬上回答的，我也一定會替你找到答案的「有求必應」形象。**一旦我成為了客戶有問題第一個想到的人，那我就是不可替代的 Key man**。

優秀的業務員，賣什麼都會有人買，關鍵在能不能資源整合，讓自己成為客戶心中的不可替代。只要大家都喜歡這個人，通常他賣什麼都會賣得嚇嚇叫，那怎麼會不成功？至於要怎樣成為這樣的「中心」人物？我們不需要擔心，因為這是可以後天學會的。只要善於建立起自己的「資源網」就是成為「中心人物」的第一步。舉例來說，我發想設計了一款用來幫助大家建立起資訊人脈網的遊戲。

我製作了一張繪有二十五宮格的卡片，在上面列有各行各業。拿到這張卡片的業務夥伴必須要蒐集認識到上面所列的全部職業。也就是說，他們必須要與從事這些行業的人進行面談，在認識與互動後進而成為交友圈的一份子。當夥伴們完成這張卡片所有的面談就可以擁有一個屬於自己的「生活便利人脈網」。每當客戶有需求的時候，我們可以迅速變成「牽線者」。當對談的一方需要某些人的時候，我們也可以有辦法快速想到一個可以提供給對方的人。如此這樣，我們便成為了解決需求的高手與渠道。

正因為我已經完成了超過五十種以上的職業訪談，所以，我常打趣說，自己在朋友圈中已經快超越人力銀行了。眾多親友在找工作的時候都會敲我，「之凡，我一想到這個就先想到你，你知道這個工作嗎？發展性好不好？」遇到這樣的情形，我都會跟對方分析所想要應徵的工作可能會面臨什麼樣的職涯瓶頸、工作內容優缺點為何以及薪資的天花板到哪裡等等不為外人所知的內情。我的朋友聽到了都覺得，「哇！好罩啊！一聽到職業就知道天花板在哪，有幾個人做得到啊？」正所謂需求是創造出來的。當別人想要什麼樣的人，你就可以幫他找到他所需要的人，那麼，當別人有需要的時候就會想到你，你又怎麼可能會被忘記呢？

◎你擁有「社群經營能力」嗎？

這是一個自媒體當道的時代。誰沒有臉書或者是IG的帳號？直播平台或抖音更是大家瘋玩的網路媒體。嚴格來說，擁有社群經營能力，就等於擁有人脈迅速擴張的能力。以往那種要開發很久才能觸及到幾百人的年代已經過去了。現在新世代的人，可能隨手發一張照片就立刻可以有數千人按讚，也就代表喝一口咖啡的時間裡，已經有數千人會看到我們。我曾因緣際會在社群平台線上分享專業議題，竟因為聽眾欲罷不能而直播探討了八個小時，更得到數以千計的反饋與追蹤。所以，自媒體的社群經營力是新世代的年輕人或者希望在新世代再創高峰的業務同仁必須要善用的「利器」。

除了本身有臉書、IG以及直播節目的經驗外，在自媒體的操作過程中，我更嗅到無限的金融商機。就拿直播節目的「抖內」（donate）機制來說，這是一種如果聽眾或觀眾覺得想要對表演者作出鼓勵的動作。聽眾可以「抖內」金額不等的虛擬禮物。我觀察了一陣子之後發現，天哪！我發現有很多人可以在網路上抖內換算成新台幣十萬、二十萬甚至上百萬的禮物，而且不是單一次的抖內行為，而是持續的抖內，這代表著螢幕另一端的財力與硬實力在現實生活中肯定是不可小覷的，也就是，網路隱藏了很多潛在的「大客戶」。

果然，在某次的活動中，驗證了我的想法是正確的。那次，我發現黃色小新（網路化名）這位玩家可以在一個遊戲中持續「抖內」大小不等的金額累計有上千萬元之譜，而後我想藉由活動邀請這些人來到「現實」聚會，發現果然不得了，大夥們都是相當有能力的人，很多不外乎是上市上櫃公司的老闆或企業家，經濟實力都有一定的程度。

「哥，你為什麼一個月可以丟兩三百萬台幣抖內？」我忍不住好奇地發問。

他聽到我這樣問，淡淡笑著問我，「你在西門町看表演的時候，如果表演很精彩，你願意丟五十塊給那位表演者嗎？」

他見我點點頭，又繼續問，「那如果表演真的精采，丟多少錢給表演者是你的極限？」

我想了想，「對我來說，兩、三百元應該是可以的。」

「那就對了啊！十萬塊對我來說，就是這樣的概念。在我來看，這就像是丟兩三百塊錢出去，我只是用我的力量在鼓勵網路上我看見很努力的表演者而已。」

我當下聽完這位朋友的回答之後驚呆了，原來有這麼多潛在的大戶隱身在我們看不見的網路世界裡。換個角度，在現實世界中，一個平凡的業務員，是絕對遇不上這樣的角色的。一個普通人到哪裡去認識上市櫃公司的老闆？但是在網路的世界裡卻可以遇見一大票這樣的人，怎能不好好地善用自己的社群力？當然這邊也希望提醒大家：當你想認識人，是不是也要思考「人家想不想認識你呢？」想要認識「有實力」的人，千萬不要忘記強化自己的深度與能力。只要我們兼具實力、資訊力與媒體操作力，豐沛的人際廣度便唾手可得。

◎你要怎樣在經營與開發中發揮「創意」？

我們都知道，按照前人所規劃的路子走是最安全的。但是，這也就意味著我們會有無法突破的天花板。之凡必須提醒大家，**當你發現你想的都跟大家一樣時，你就應該停下腳步思考了**。「創意」這兩個字說起來很簡單，做起來卻很不容易。不過，我們也可以從各種不斷翻新的吸睛內容看到創作力無疑是這個世代的致勝關鍵。從來沒有人想到可以在網路直播間發掘金融商機，也從來沒有人想到可以把所有斜槓的事業跟金融保險做效應連結。我和別人不一樣，在我看來，任何事**只要加進創意，就可以玩出不同的高度**。之凡在這邊要建議所有的業務夥伴，不要墨守成規。要運用創意去走出一條自己的道路。尤其當上一輩對自己的期許是比較老派的時候，新世代的業務不需要用「委曲求全」來換得生存，而是要去思考兩個世代的不同，善用自己的特色，疊加不同世代的長處，來讓效益發揮到最大。

對於保險業務來說，說話是工作的一部分，之凡必須說，把講話當成是工作是不需要有多華麗的與詞與包裝的，但心意要足夠。如何在言談之間傳遞你的感動是很重要的。我發現新世代的夥伴會被很多固有的想法影響，或者「按圖索驥」讓別人的思維去領導自己的作為。建議大家，要經常問自己，「為什麼想要從事保險這個行業？」拿我來說，我為什麼要從事保險這個行業的起心動念至少已經跟一萬個人講超過一萬遍了。當說話變成工作的全部，就會像呼吸一樣自然。也會更堅定自己有信心往前。

傳統世代的保險業務員不外乎擅於與人交往與交流或者是對於人際互動比較有把握的人，但是，就算不擅言詞，只要能發揮自我創作力，調整不好的地方，就能擁有自己個人的專業與特色。就我所知，有許多研究保險的達人隱身在網路世界中，更不遑有各種網路菁英存在！我們這一代要表現出自我的特色與特質，並不需要跟別人一樣。只要掌握保險的精神，以自己的事業為核心主軸、符合法令規範、避免不實與不當的方式，想添加什麼樣的特色與元素都可以好好發揮。誰說保險一定要如何？誰說客戶一定要怎樣經營？每個人都會有最適合的方式走出框架，成就自己的事業。

‧凡神之超凡錄勝‧

★資訊整合力就是你的超能力。

★當客戶第一個就想到你，你便讓自己成為了影響力中心。

★生活從來不會否定任何人，就怕自己先否定了生活。

★與其思考如何減少自己的短處，不如用盡心思去發揮你的長處。

★當你發現你想的都跟大家一樣時，你就應該停下腳步思考了。

★只要加進創意，就可以玩出不同的高度。

第四章

保險農業理論三大招

從做中學習體悟必能舉一反三

寫給想要在保險建立人脈的你：

誰說一定要認識大人物才能成就好業績？

在生活周遭的每個相遇都可以播下潛力十足的種子。

不是交際高手的我們照樣能耕耘自己的成交特區。

讓我們一起施展魔法，豐收自己碩果累累的業績！

1 瞭解經濟作物與種子布局的關係

之凡，你為什麼不會擔心沒有客戶？

因為我瞭解經濟作物與種子布局的邏輯。

多數人很羨慕業務的生活。不但有朝九晚五上班族所沒有的高度的彈性與自主，而且只要案子成交，就意味著豐厚的業績獎金入口袋。但是，業務的生活真的如同大家所想像的那麼美好嗎？事實上，多數的業務夥伴在日常生活中所面對的焦慮也超乎一般人所想像。身為一名業務，不僅必需維繫既有的客戶群，還得要花時間開發新的客群，可以說一身榮辱，成也客戶，敗也客戶。所以，業務最大的焦慮感來自於「浮動的客戶量」。維繫與拓展客戶確實是有志成為業務人最需要建立的「能力」。

許多人羨慕之凡的客戶多、層級廣，認為我根本就是天生吃這行飯的料。我並不諱言自己在應對人際方面多了一些敏銳度，但我並不是天生就具備這些應對進退、得天獨厚的本事，而是我在成長的過程中透過一路的「商業」磨練加上火車上魔術表演的刻意練習而鍛煉出的知能。

回歸到人脈的經營面上，之凡認為不光是保險從業人員會面臨所謂的人脈焦慮，要如何開發客源、建立人脈以及經營客戶應該是普遍從事業務工作者會遇到的「共同問題」。很多人覺得，天生有好口才的人就是能夠穩穩端好業務這一行鐵飯碗的人。但是我誠實說，在保險這個行業裡要能夠做到輕鬆成交，甚至讓業績遍地花開，並不是光靠舌燦蓮花的嘴上功夫就可以完成的。

就算一個人的口才再好，如果用錯地方也難免碰上一鼻子灰，就算再怎麼能言善道的人，如果遇到對方根本不想要，也是徒勞。我也不諱言在經營人脈這方面的確有訣竅，但這絕對不是什麼「偏方」跟「速效劑」。**精練生命中的經驗變成最好的心法才是長久之計**。有時候我們會發現，往往在業務這一行裡業績做得最好的夥伴，並不一定是最會講話的那一個，但是一定是最用心在經營的那一位。畢竟，一位業務有沒有心，客戶是能真實感受到的。

老實說，之凡剛進入保險這個行業時，也一樣「稚嫩」，一樣需要業績過生活。多年的經驗讓我琢磨出了屬於我的獨家心法，我將之稱為「保險農業理論」。乍看之下，保險這一行似乎與農業八竿子扯不上關係，但是仔細探究，很多運行的道理是完全相同的。之所以用「保險農業行銷理論」來命名正是因為這是一種「典範轉移」。

我的「保險農業理論」不僅將是一個對於有心從事業務行業夥伴的觀念建立與引導，更是一個可供所有人實際運用的有效人脈經營模式。好的方法要能夠被複製。在我的看法裡，可以複製的模式才是永續的模式，可以複製的方法才是有效率的方法。想要擁有源源不斷的業績，說穿了很簡單，只要能夠學會怎樣當一名稱職的保險農夫，就能夠懂得怎樣播種觀念、佈局與避險，更能夠聰明經營客戶，輕鬆成交保單。

暸解經濟作物與分享佈局，我想要傳達的是：

- 知己知彼是永遠的第一要件
- 量變產生質變是硬道理
- 觀念引發的主動選擇才是豐收的保證

知己知彼是永遠的第一要件，你要懂得經濟作物的種類與特性

想像一下，如果我們是農夫，此時我們的手中握有各式各樣的種子。那麼我們會不會在什麼都不懂的情況下就盲目亂撒亂種？我們會不會把種子丟進土壤中就不去管它，任由他們自生自滅？當然不會，對吧？我們會按照合理的時間區間播種、澆水、施肥、除草、除蟲、甚至移植或者是嫁接，在收成前，可能還會替果實繫上保護套等以確保他們能在最安全的情況下成熟。那麼，讓我們再換位思考一下，假設業務員手中的保單案件就是植物的種類，而客戶類別就是我們想要播種的田地，我們會隨便遇到一塊田就把種子隨機丟進去，然後等到肚子餓了需要食物的時候才回頭去看有沒有東西長出來嗎？當然不會啊！那我們怎麼會覺得只要手上有好的產品，逢人就推單，推完就算了，這樣等時間一到就自然會成交？

聰明的農夫是絕對不會胡亂耕種的，因為想要豐收就必須要「天時、地利、人和」三個條件都兼具。聽起來容易，但是我們都知道這三種情況要一次到位確實是比較困難的，尤其是種植單一作物的狀態。舉例來說，假如我們只種「木瓜」這一種作物，如果今年剛好三種條件齊備，收成好就大家吃到飽。

但如果遇到欠缺某個要件導致收成不好，那不就得要餓肚子？所以，為了降低不可控的變素所產生的影響，我們就要多方面嘗試各種不同的作物種植，這樣一來，就算今年的天候對某種作物產生了影響，那麼依然還有其他作物會豐收，這才是長久生存之道。所以，並不是認識越多的人就能夠保證自己變成一個更成功的業務，也不是花越多時間經營或者與客戶交往越頻繁就對業務工作或成交越有利。人脈經營就像是種植作物，是要做足功課並且仔細規劃的。常言道，謀定而後動，就是個道理。

在保單的行銷上，大家都想要推「大單」。但是，每個客戶對保單的需求都不同，有的客戶成交的可能是金額量大的投資型保單，而有的客戶可能只是需要購買幾百元的機車強制險而已。那麼，前者就像是售價高的蔬菜，後者就如同十元一大把的豆芽。因為賣掉高價的蔬菜可以讓自己豐衣足食，所以多數人看不起那利潤不高的小豆芽菜。不過，我們換個角度想一下，高價蔬菜較難照顧，而小豆芽擱著就能長大。如果我們遇到無法預料的天災或蟲害讓作物歉收的時候，就算是豆芽菜也能讓自己溫飽度日。

所以，之凡建議大家在行銷保單的時候，要先調整心態並且悉知手邊每種保單的價值。保單就像是各種不同類型的蔬菜一樣，在缺雨水的時候，耐旱作物能夠渡過酷暑，而下雪的時候，抗寒作物能夠撐過冰霜。在不同的時間點收成的作物都可能是當下溫飽的關鍵來源。

替作物找出最適合的「良田」並勤於播種觀念

多數業務員期盼推「大單」，更期盼找到「大戶」，可是往往會發現這些所謂的高端客戶雖然購買力高且出手闊綽，但卻往往不是容易成交的對象。反觀一般的客戶，雖然手頭預算有限，仍有一定的機率能成交不錯的案件。客戶不買單的最主要原因，不單純僅在於產品的優劣，而是他們的需求度以及預算落在哪裡。也就是說，很多商品的好壞，並沒有絕對的標準。適合種稻子的水田就不適合種麥子，適合種西瓜的沙地就不利於番茄的生長。

許多從事業務的夥伴在行銷手中的產品時，總是希望對方能夠對自己的規劃「照單全收」，或者是只集中推銷能夠讓自己獲益較高的產品，但是，這麼一來，反而在行銷上遇到很多的挫折，自己反覆思考之後可能還百思不得其解，不明白「明明產品就很優，為什麼對方不買單？」

其實道理很簡單。還是回歸到種植的概念，農夫雖然都想要種最有價值的經濟作物，但是，什麼樣的種子適合種在什麼樣的田地裡是固定的，很多人覺得自己的業務工作很難推動或手邊的產品很難行銷，多數是因為卡在空有熱情，或單純只有想到自己的產品很棒，卻沒有替產品跟客戶做出做適當的配對。想想，就算我們手中有了品質最好的海芋品種，卻把它種在海邊的沙地上，結果怎麼都種不活也是合情合理的啊！沙地（客戶）沒有錯，海芋（產品）也沒有錯，但是，放在一起卻真種不出我們要的結果。

所以，**「了解作物的特性」是打造有效人脈的第一步。第二步就是要針對作物的特性來匹配的環境**。如果需求度低，那當然沒有購買的意願；如果有需求度但是預算不高，那就是適合植物種子但是肥沃度不高的田地，可以試種看看；如果需求度跟預算都高，那就是標準的「良田」啦！

之凡在這邊要提醒大家一下，**遇見良田莫心急**。當業務手中握有好種子，而且眼下又是良田一畝，想要展現出高度的積極性是在所難免的。畢竟見獵心喜是人性，況且眼下遇見良田的機會千載難逢，若不趕快下手，難保其他人不會覬覦，因此許多業務在看見成交率高的潛在客戶的時候都忍不住想要盡量在最短時間內就將保單簽到手。於是在彼此還沒有建立一定程度的熟稔之前，開口便是一連串的產品介紹。這沒有對錯，卻存在著很大的風險，除非對方很清楚自己要的是什麼，否則容易感受到「推銷」的壓力，反而有很大的機率會讓客戶打退堂鼓。

所以，我常會把心態調整成「**不看眼前，看未來；不賣保單，賣觀念！**」只要我們能夠種一棵觀念的種子到客戶腦海，讓他在客戶心裡發芽，未來所結出來的果實可能超乎我們的想像。因為擁有正確觀念的客戶就像是整好地的肥沃良田，種子落地就能發芽成長，在適當的時機就能開花。但要這邊要特別注意的是，不要忘記提醒自己要定期檢查種子的存活率，並且隨時更新種子的種類。就算知道沒有那麼適合，也不妨試試。只要勤播種、多耕耘，就能有緣意盎然的未來。

「知己知彼」絕對是行銷的第一要件，如果連自己手中的產品種類、優劣，可以帶給客戶什麼樣的保障或者提供什麼樣的價值與服務都不清楚，那怎麼能期待客戶能夠與我們有良好的互動與信任，並交付金錢來購買產品呢？我們在努力**行銷產品之前要先下功夫做到「知己」（理解作物）、「知彼」（挑選良田），然後根據彼此的特性來「計劃生產」**。

此外，除了針對良田播種觀念之外，更要根除慣性。很多業務同仁都容易患有一個共同迷思，就是認為「凡講過客戶就會記得，只要講過我就心安。」之凡必須老實說，「只要講過就覺得可以放心了」其實是一種不切實際的幻想。因為，當一件事情被提過一次，我們只能期待對方會稍微有點印象。畢竟多數客戶是健忘且不專業的。只講過那麼一次，便能夠牢記在心裡的人畢竟是少數。我們怎麼可以覺得只要跟客戶

「講過」一次觀念，對方就能一字不漏都聽進去並印象深刻。想像一下，這種被忘記的狀態，就好像是種子發芽的時間會因為天候、溫度或者是蟲害而有所差異，並不是每一顆種子丟進適合的土壤中就會同時發芽一樣。

被遺忘的資訊，就像是無法發芽的種子，因此，有鑒於許多外在不可抗因素都可能造成「折損率」的狀態下，為了要能夠保持一定程度的「收成」，我們丟到田裡的種子要夠多，而且丟的次數要夠頻繁。也就是說，正因為作物的品種繁多，加上四季都會有不同的產出。有的作物兩個禮拜就可以食用，有的作物要三個月才能收成。多數的果樹一年可能收成一次到兩次。如果懂得這個道理，這時候，就要記得，以「量化」的概念來播種，而不是以種子會結出什麼的果實來行銷。因為量變會產生質變，當客戶腦袋中的觀念夠多、思維夠正確，那麼不需要推保單也可以成交，我們只要協助對方量身打造需要的保單就可以了。

主動選擇的結果才是豐收的保證，佈局種子讓一年四季都收成

如果之凡告訴業務同仁，我們不需要對客戶推銷產品也能成交保單，那大概會被當成是癡人說夢的胡話。但事實上，如果深諳「適時」丟種子的技巧，那麼，保單就會自己送上門來。比如說，這一陣子疫情嚴重，我上夜市買宵夜的時候，順口提到「都是防疫保單啦！我都快要累到吃不消了！現在才有時間吃東西。」結果大家就開始詢問保單的內容，接著就有成堆的保單自動成交。

又比如說，當我們知道客戶最近的健康或者是工作性質比較適合哪一些保單，就可以適度地讓他知道最近有哪些新的制度或「調整」對他更為有益。又比如說，針對需要進行開刀手術的客戶，我們可以關心的角度提醒他哪些狀況之下可能會造成不理賠的結果，在手術診斷書的備註上必須注意哪一些條款等等，不管是單純分享經驗也好、專業也罷，

甚至是分享怎麼處理類似的狀況會更好都可以，就是要記得「不賣保單！」。這樣操作之下，往往我們也會發現，不需要特別提醒客戶需要加保什麼項目，但是客戶卻會主動要求增加某些項目的保障或者是調整額度。這就是不賣保單卻能成交保單的秘訣。

可能有人會問，「不賣保單，會不會喝西北風？」之凡可以肯定的告訴你，「當然不會！」如果我們什麼都不做，那才真正餓肚皮。**做對事情，就只要等豐收就可以了。種觀念的神奇之處就在於觀念會引導一個人的作為。當客戶被我們養成了「類保險專家」，自然會對自己的保險「產生意識」，也更容易「對產品形成反應」**。

一旦客戶腦中的知識足夠引導判斷的時候，那麼此時不管客戶提出任何「意見」，我們都只要尊重他的意見即可。千萬切記，不管是不是有更好的產品，都要先以對方的意見為主。然後，再「協助挑選」客戶心目中的最佳選項。這時候就不是成交與否的考量了，而是成交什麼樣的產品可以讓客戶滿意，並得到客戶更多的信任。只要給客戶想要、需要的，這樣就能成交了嗎？是的！推銷保單會對客戶造成壓力而導致抗拒，但是分享觀念卻會得到客戶的專心聆聽與感激。

即便不是專家心態的影響，部分客戶聽過我們所做的正反兩方面分析之後，會自己審慎評估並且做出心裡的決定，這時候我們要做的就是協助檢視是否能夠更全面或是否有疏漏沒有考慮到的部分。這種經由觀念引導所設計的保險，成交率幾乎是百分之百。因為客戶對自己心中的選擇了然於胸，所以我們不需要說服，只要協助。也就是說，觀念的種子一經播種發芽之後便會產生「反客為主」的效應。所以「種觀念」的耕作方式不僅保證能夠開花結果，還能夠保證果實不會中途被蟲吃掉或者是植物還沒結果就早夭。

那麼保單簽訂後是不是就高枕無憂了？其實並沒有。經手保單業務的夥伴很常遇到的一個狀況就是客戶簽訂保單之後卻中途反悔。也因此很多保單的存續率不高。造成客戶事後反悔的原因有很多種。常見的其中一種可能性是該張保單是由於「人情壓力」而簽訂的，所以幾經思考後反悔。還有可能是因為一時衝動欠缺周詳的考量與周全財務規劃，最終因為保費壓力太大而作罷。不管是哪一種，都牽涉到了「被動性高過主動性」的成分。

但是如果當發球權以及主控權都掌握在客戶自己手中，而且客戶打從心底有種「自己也是專家」的感受時，客戶將會更認同自己所選擇的商品，也不可能會有隨便就喊解約的動作，畢竟這從頭到尾是自己通盤考量過後所做出的選擇，不管保單的金額大小是多少也都該是客戶自己本身可以承擔的數目。只要我們能「化被動為主動」那麼保單繼續率相對就能更高，銷售品質與轉介紹率自然也會提升。所以，一名優秀的業務工作者，首先要建立的態度就是「播種觀念要優先於行銷保單」，因為**讓客戶擁有主動選擇的能力才是日後業績豐收的最佳保證**。我們要的不是單次的收成，而是永續的成長，我們看的不是當下的單項獲益，而是日後的拓展與倍增。別擔心，我能，你也能！

・凡神之超凡錄勝・

★要成為頂尖業務就要先丟掉「差別心」，任何產品與客戶都有相互結合的可能性，都值得我們用心。

★我們眼中的草可能是別人心裡的寶。給對方需要的，而不是最好的。掌握契合度就是掌握業務優勢。

★遍灑種子才能滿地開花。我們不勤推保單而是要常分享觀念，當觀念落地生根，保單的成交就指日可待。

★最厲害的行銷就是不行銷，留給客戶主動選擇成交保單的醞釀時間。尊重客戶的主觀決定結果，成交自然水到渠成。

★我們開十次口，還不如客戶一次的「呷好鬥相報」。口碑行銷比口水行銷來得有效，豐收的良田就是後續產量的保證。

2 聰明耕耘便能輕鬆收成

之凡，我有辦法能夠成為跟你一樣的業務高手嗎？

只要懂技術、方法與運用，誰都可以是業務之神。

大家都知道，陽光、空氣與水是植物基本存活的要素。當種子進入土壤中，農夫不能只知道澆水，那只能夠維持植物的基本存活。想要植物長得好，就必須要定時進行施肥、除草或驅蟲的動作，甚至還要視狀況插枝或者是嫁接。而這些「耕耘」的動作，就是我們對客戶的經營。也許有人納悶，同樣在耕作播種，為什麼我們好像就是比別人輕鬆？同樣性質的田，為什麼我們的收成比別人好？因為我們懂得技術改良、我清楚知道該用什麼方式去照顧種子，這種「農法」就是我們經營客戶的方法。

雖然之凡認可天道酬勤的說法，我們也都明白一勤天下無難事的道理，也很常聽到長輩們對我們耳提面命，只要努力就有收穫。但是，在業務經營上，**如果只懂窮努力，常常也只是在瞎忙而已**。很多人在經營業務的時候能夠輕鬆，沒有什麼高深的學問，只不過是因為懂得竅門而已。而觀念式行銷的這種「撇步」是明確可以被複製的，我們可以站在巨人的肩膀上看世界，學習更多的方法，甚至在新人還沒有經驗之前，就教育他們一套可行的系統流程去練習。

古代拜師學藝，常常學不全，這是因為當師傅的怕有朝一日被徒弟超越，所以都會「留一手」，而且通常留下的都是最厲害的那一招，以致於到最後越傳越式微，門派不攻自滅。但我們的保險農業理論卻支持有系統地複製「農法」。這其中的理由很簡單：就算每個農夫都懂基本的「農法」，但並不是每個農夫的產量都一樣，作物品質也大不相同。

這是因為學會種田的方法很容易，但是經驗卻是專屬的，每個農夫從親身經驗中所萃取到的應變知識與方法是別人搶不走的，所以，新人學到招式如果是有經驗純熟的心法在內就能少很多的辛苦。

之凡決定要無私分享獨門的保險農業理論與人脈養殖學最大的原因就在於，在新人還沒有任何實際經驗累積之前，如果教育他一套可行的系統流程讓他去練習，當他能夠以流暢且能拿出具體實證的的自信姿態與客戶互動時，所展現出來的專業也必然能夠搏得客戶的信任與接受。

聽明耕作與輕鬆收成，我想要分享的是：

- 耐心育成贏過揠苗助長
- 技術耕耘勝過無效努力
- 改良與創變好過照本宣科

耐心育成贏過揠苗助長，你必須給出「合理」的成長時間

我們知道，豆芽菜從開始播種到收成不過五到七天，而酪梨光是讓種子要抽芽就要等至少一個月的時間。如果我們讓豆芽悶上一個月，則可能因生菌盡數潰爛，但如果我們企圖想讓酪梨在五天之內便抽芽長大，壓根就是個不可能的任務。所以，種下一顆種子，要等待種子在合理的時間「發芽」。當我們在客戶的心田裡種下一種觀念也需要適當的

時間來等待萌發。

之凡知道「等待」是煎熬的，但是我們必須等！種子在發芽前的那一段在土壤裡的黑暗孤寂，我們都得耐心等候，切莫操之過急。就算發現種子泡水發爛或者被曬乾也沒有關係，我們可以再種一顆，再用耐心餵養他，一顆不行，就再一顆。一直等到時機來臨，等到氣候、溫度、濕度以及時間都到位了，那麼種子就會自己發芽、拔尖、茁壯而且結實累累。

不僅對客戶是這樣，我們在培養新人的時候也是同樣的狀況。雖然我們都知道只要是技術性的方法就可以被複製，只要是明確可實踐的理念就可以被根植。多數時候我們給予新人觀念，我們能夠讓新人可以有一個複製的流程簡便上手，我們甚至可以手把手帶領新人練習這些技巧，我們也可以複製出非常專業的模式。

但是，我們依然還是要允許每個人能有自己「合理」的成長時間，切莫揠苗助長。帶有信念的技術可以被改良發揚，而帶有目的性的技術只會被冷酷地執行。同樣地，**理念可以澆灌熱情的溫度**，**但是死硬的業績只會澆熄熱情的火光**。所以，很多事情急不得，人脈的累積與業績必須要耐心養成，尋找與培育跟自己理念相同的夥伴也同樣急不得。

這些我們經營的人脈與帶領的夥伴就像是巴菲特口中那種「又濕又滑的雪」，我們還必須給予「夠長」的坡道，才能滾成巨大的雪球，得以撼動山河。而這「坡道」指的就是時間。無論是人脈的經營與團隊的帶領，耐心育成都勝過揠苗助長。

他們可能是酪梨，也可能是豆芽，但不管哪一種，我們要做的不只是給予時間，而是必須允許「合理」的時間，但如果你真的全都要，那就用「量」來解決這個問題，「大數法則」便會是你最好的朋友。

技術耕耘勝過無效努力，你必須善用「針對性」的技巧

光這樣等，要等到什麼時候？之凡要跟大家分享的是，我們無法勉強一顆種子在我們想要的時間點發芽，但是我們可以改善環境讓他「甘願」早一點發芽。所以，很多農夫會精進務農的方法、調整育種或施肥的方式，甚至蓋溫室讓作物在不適合的環境裡依然可以蓬勃長大。我永遠相信成竹在胸的技術耕耘要勝過看天吃飯的無效努力。我們必須要「針對」實際狀況選用技巧與調整方法。在這邊，就提供幾種針對不同狀況的作法。

首先，是大多數人會遇到的第一個破冰關卡。民眾對於「保險」的概念僅止於多家保險公司的名銜，弄不好還可能曾經有些負面印象，通常在我們開口介紹自己的行業時，如果能用比較生活化的東西來比喻自己的產業，那麼就能夠引發客戶的好奇心，從而印象深刻。

另外，有些厲害的業務通常對於自己的產品非常了解，說明起來也是行雲流水完全不會打結，但是對於某些缺乏專業知識背景的人來說，這些專業術語聽起來都很清楚，一旦對應到腦海裡，概念卻相當模糊，所以建議能夠用客戶背景相關的事物來解說，會讓客戶更容易產生鏈結與認同。

舉例來說，如果我們能夠用具體有型的物品來舉例抽象無形的保險商品，那麼顧客就會很有畫面地了解，「喔～！這就是保險啊！」那我們就成功邁出第一步了。

接下來，當客戶對於我們的產業有了粗淺的概念時，就是興趣開始發芽的時候，要如何讓對話能夠順利進行下去？此時要切記，溝通或者是行銷，並不是我說你聽就可以的。針對這一個部分，有幾個很重要的概念，希望能在此幫各位釐清：

【第一】多用問句，少用直述句。

想想小學時候聽校長晨間訓話時，自己是不是頻頻點頭，但是卻記不住校長講的內容。我們或多或少都有聽過演說的經驗，如果對方跟我們說話的時候，運用的都是直述句，我們可能聽到一半就已經恍神了。為了避免客戶左耳進右耳出，建議大家多用問句，少用直述句。問句和互動是觀念式行銷很重要的精隨所在，不僅要用問句引導對話與互動的進行，提問的時候要停下來看著對方，對方的腦子思索我們所提問的時候，對我們的印象就會加深。

【第二】善用三個「為什麼」來增加不確定性。

不管是在與客戶對話的階段、或者是想要引發客戶更近一步的興趣，我們都要讓自己維持在三個以上的提問。為什麼？因為要加強不確定性，讓客戶能夠專注在對談的內容，為了不漏接，客戶也會比較警覺，為了回答提問，客戶必須經過思考、整理再回答，對於我們所提出的觀念，就會更為清晰。

之凡提醒大家，在提問的時候，要善用肢體語言與眼神，像是不時地點點頭來肯定對方的回答，就是個很好的作法。並且，一定要讓對方有先表達的機會。如果對方願意進行後續的約談，那麼，請用閉鎖性的選項讓對方決定。比如說比起跟客戶說，「請問下星期何時有空？」我們改成詢問對方「那麼下星期一、二跟四，您哪一天比較有空呢？」約談成功的機會比前者高出許多。

【第三】簡單是願意了解的前提。

多數人對於過度複雜，需要耗費大量心力處理或者需要消耗大量腦力消化的資訊都會產生一定程度上的抗拒。所以，引起客戶的興趣，目的在於削弱對於把事情弄清楚的抗拒性，如果心中對於新的觀念所持有的態度是「好像不是那麼麻煩」或「這似乎聽起來很簡單」，那麼就表示對方願意進一步了解與探討。

最後提醒正在閱讀本書的「專業」業務夥伴，探討是一個思想的丟接過程，絕對不是用來證明自己很行，而對方什麼都不懂的機制。所以，之凡認為有一句話是我們絕對不能對客戶提的，那就是「你怎麼什麼都不懂？」畢竟客戶不了解我們的行業與產品是正常的，就是因為他們不懂才需要我們啊！對吧？客戶不懂的地方才是我們的優勢展現的機會。不管我們得到的回饋是什麼，我們都必須盡量客觀以待。在任何時候一定要記得先「肯定」對方，再提出建議或看法。要牢牢記住，一旦對方被否定之後，溝通的大門就跟著關上了。那麼要再敲開門的難度就更高了。

改良與創變好過照本宣科，你必須要有自己「獨門」的絕招

就像戲法人人會變，各有巧妙不同，作物人人會種，各有經驗差異。

同樣是種植芭樂，為什麼我種的芭樂就是長得比別人種的大顆？同樣耕耘稻米，為什麼我的收成就是比別人的豐碩？同樣是栽種水蜜桃，為什麼我的水蜜桃等級就是比別人種的高？我們都用同樣的技術，但是為什麼到最後得出了不同的結果？之凡認為，除了要懂得方法，我們還要觀察與了解在播種與耕耘的過程中，還有什麼可以需要調整改良的地方。誠實說，就方法與技術上來看，是絕對可以被複製的，但是經驗卻是偷不走的寶藏。只要我們善用經驗，便能創造無限可能。

多數業務夥伴往往手中拿到什麼產品就賣什麼，以非常直線思考的模式在進行銷售，這是一種慣性。但這個社會變動的速度超過我們的想像，單一模式已經不足以應付多元的社會結構與生活方式。我們不妨思

考一下，特定產品只能賣給特定需求的人嗎？行銷方式就只能是固定的那幾種嗎？我們是不是可以有更多的想法，讓行銷不只是行銷，讓保險超越保險？

舉例來說，很多業務夥伴在推薦壽險的時候會遇到瓶頸，畢竟壽險利基上沒有特別高，屬於傳統型的保單，就算有一定的需求但也不是那麼好推動的，那麼我們在對客戶銷售的時候，是不是可以思考拋開舊有的行銷方式來思考我們是否能賦予產品本身之外的價值，打造產品的新生命，讓它的路可以更寬廣？如果我們可以讓保險不只是保險，那麼它的存在對於客戶來說就有了不同的意義。

另外，如果我們能夠針對客戶的需求來做搭配，聰明地將各種風險管理的理論運用到產品組合上。針對不同客戶的需求整理預算，進行有效分保安排或風險配置，那麼，這樣的「混搭」與「自由配」更能貼近客戶的需要，當然就更有「賣點」。

最後，行銷的方式也應該因應時機以求新求變。如果市場沒有需求，我們就思考如何創造出需求，如果客戶沒有需要，我們就探討如何觸發需要。比如說，與其專門開一個保險講座，邀請有興趣的人來聆聽，或者是進行「盲測」，隨機陌生開發，都不如有針對性地讓目標客群自己產生興趣。

又像是，如果我們辦理健康講座，那麼會來聽課的都是對於健康議題關切的人；如果我們辦理財經講座，那麼參與者當然都是對金錢管理有想法的人，我們來觸發這些客層對於相關風險管理的鏈結當然會比對沒有關注這方面議題的人進行銷售要來得快速。

這些不同類型的講座，乍看之下似乎與風險管理沒有直接相關，但其實自動替我們對於目標客群做出有效分流，增加了打擊率，我們再針對他們的需求包套進去的產品才有吸引力，行銷也才省時有效率。

對於進入所有的行業的人，學習模仿都是成功的第一步，但如何累積經驗，精益求精，練就獨門絕招，就是屹立於不敗之地的能力。為什麼是我？因為我創新求變，因為我從模仿技法到成為被模仿的對象，進入到了難以模仿的階段。我行，你也行！

・凡神之超凡錄勝・

★時間可以證明一切，包括缺乏耐性。

★如果只懂窮努力，常常也只是在瞎忙而已。

★任何事的發展都跟種子發芽與生長一樣，需要「合理」的期間與過程。我們只能夠給予適當的環境「引導」、「誘發」卻不能任性勉強。

★讓抽象具體化，使概念生活化就能產生畫面與認同感，努力讓別人聽懂我們的話，還不如用別人聽得懂的話說明。

★照本宣科無法產生共鳴，針對需求才能找到新的突破點。客戶可能不需要一輛腳踏車，但是卻可能會對可以一邊看電影一邊騎的腳踏車感興趣。

★掌握技術可以控制變因、複製流程擁有成功經驗保證、流暢運作可以累積經驗，正向循環將引發更強大的力量。

3 從務農維生走向「精緻」品質

之凡，業務經營要怎麼突破極限？

當我們已經有能力可以選擇，就要把業務優化到「極致」。

從事業務工作的人最大的收入來源是人脈，最大的困境也來自於人脈。因為人要匯聚成脈不容易，而所謂的人脈不只是通訊社群的成員或者是手機聯絡人的多寡，業務夥伴常常疲於奔命在各種場所走跳、交換名片，卻發現縱使手機中有幾千筆的聯絡人資料，如果沒有產生任實際的鏈結與互動，那也不過就是數字而已。了解技術也複製了方法，並且流暢運用之後的可能後遺症就是分身乏術。雖然累積相當多的人脈，其中也不乏有效人脈，但是要經營的對象實在太多，自己的時間卻不夠分配。

就好像已經很厲害的農夫，種什麼都有所成就，但是再怎麼厲害的綠手指，都不可能什麼都種。畢竟，什麼都想種就什麼都顧不好，也沒有時間顧。與其如此，還不如「擇善固執」，所以，在我們的業務力已經磨鍊到一定的程度之後，我們就要開始將心態從務農維生調整為走向「精緻」農業的發展。

我們雖然熟知觀念要量化播種可以保證全年豐收，但是田地達到一定的量時，除非我們是採取「大規模機耕」的模式，不然一定無法量化照顧。偏偏保險業務是一個講求「個別化」、「專業性」與「信任度」

的行業，無法機械式耕作單一作物在全部的田地裡。所以，為了維持良好的作物品質，我們要清楚自己能夠照顧的田地最大的數量。很多人可能會問，田地的數量有限，難道這就是業務經營的天花板了嗎？當然不是！之所以在這邊建議限制經營田地的數量，是因為我們要考量在田地有限的狀況下突破極限。

想想，一個人的精力與時間是有限的，如果今天我們想要讓每畝田的產出與耕作都能達到盡善盡美的程度，能不能有所突破？當然能，我們可以調整作物的比例，讓我們可以有更多時間去開發與照顧新的田地；我們也可以逐步優化，精緻作物。如此一來，即便我們的田地數量少，也能夠種出更高單價的作物；即便單位作物少，也能夠結出更多的果實。

接下來，我要分享的部分著重在當從事業務工作已經累積到相當程度的經驗與人脈時，我們可以進行調整的方法。坦白說，無論是覺得進行業務工作時產生疲憊感，或者是覺得開發或經營客戶人數已經碰到瓶頸，或者感覺工作量已經是自己體能的極限，那都是因為「時間是稀有財」，而且持份固定。以下的分享，希望能夠帶給夥伴們不同的思考點。

當業務工作遇到高原期，我想建議的是：

- 精準挑選並增加多年生作物的比重
- 適時剪枝能優化作物
- 讓自己成為有記憶點的農夫

去蕪存菁：精挑細選留下棟樑之「財」。

陌生開發有時候很像海選。基本上，只要願意讓種子落地成長的田，都算則上是良田。有許多業務夥伴在一開始能夠讓種子發芽結果或者讓田地產出作物供自己溫飽就覺得是項很棒的成就了。但經過數年的耕耘，耕作技術與經驗有了大幅的精進，此時所產出的作物種類也越來越多，就需要更多時間照顧，更別提因為「遠近馳名」或者是「吃好道相報」的效應下，想要「結緣」的田地可能會自動送上門來，這時候，就不能照單全收了，必須要懂得精挑細選以及調整耕作的作物。之凡建議有以下幾點做法：

【第一】設定條件讓識配性更精準

初開始務農時，農夫做足了功課，以便了解如何將適當的種子種在確定可以發芽並且生長的「良田」上已經是很棒的進展。但在這個階段，只有達到「確保種子種對地方」，卻不一定能夠確保種子能夠達到令人滿意的產量。於是，第一輪撒的種子可能可以幫我們識別土壤的肥沃度，貧瘠的土壤就算能夠產出作物，產量也有限，品質也不一定能達到標準。所以，有經驗的農夫在下一次耕作的時候會調整作物的區塊，讓「適配性」更精準一點。當田地越來越多，無法兼顧所有的作物時，勢必要有所取捨。這時候，就要開始設定「條件」。

【第二】定期去蕪存菁讓產出更穩定

我們一開始接觸到的人很多，願意接受我們分享觀念的客戶也可能為數不少，但是，我們卻可能有無法全面照顧到的一天。所以，聰明耕耘的農夫此時就要開始過濾以及判別哪些田地是適合種植「多年生作物」，可以讓自己不需要每年播種耕耘，就有收成。我們可以先過濾掉體質不佳的田地，設立像是「肥沃度」、「種子適配性」、「周圍的環境」（包括天災、人禍、病蟲害），以及「田地所有權」等等條件。將不適合的、要花很多時間照顧呵護卻折損率很高，或者產能與產量皆低且變數大的不穩定田地一一刪除，就能夠確保留下來的田都有一定的穩定高產出。

【第三】增加多年生作物減輕工作量

留下自己想要的客層（田的類別與等級）是耕作經營的第一考量，而第二個要考量的就是怎樣才能夠省時省力還能讓田地倍增。雖然身為農夫應該要勤於耕耘，但是如果每年都要重新播種才能有所收成，其實很辛苦。所以最好的方式就是留下一定數量的田地用來種植「多年生作物」。我們只要播下種子，定期照顧，每年都會產出作物，這樣是最理想的狀態。另外的田地可以種植半年期，或者是數個月，甚至數星期就可以收成的作物。

妥善佈局，將可以使自己全年豐收，但具有經驗的農夫會不斷調整種植多年生作物的田地比例。然後將所節省下來的時間與精力再去開發新的良田美地。假設種植每年都要重新播種的植物需要花費30%的精力去照顧，但是多年生的作物只要花上1%的力氣去照顧，那麼我只要將兩成的田地轉成種植多年生作物的田地，每年都定期定額調整，那麼時間帶來的增減效應拓增出的產能將相當驚人。

這樣一來，我們要照顧固定田地的時間變少，自然可以將多出來的時間用來開發新的田地。當然，我們在挑田地的時候，也是要以能夠讓自己種植多年生作物的田地為主。如果先天極度不良，那麼就要取捨，但是如果稍微差那麼一點就可以播種多年生作物，那麼後天可以經過調整，育種調配適合的作物播種，提升田地的質量，也是一種方式。

無論我們採取的是對田地的品質進行過篩的動作，還是將多年生作物的種植比重進行調整，又或是對田地的土質進行改良都是讓我們事半功倍的好方法。但是不管我們想要先進行什麼樣的調整，在那之前，最重要的是我們要清楚我們真正想要的，跟真正喜歡與擅長的是什麼。想要輕鬆做業務，「適性發展」絕對是要擺在最先考慮的。不管是放在人脈經營上、帶領同業後進成長、客戶保單成交或者是在規劃自己的業務工作上，這都非常重要。知道自己要什麼才能有所取捨。明白自己想做什麼才能精準選擇。同樣的道理運用在人脈經營也是一樣的，有多少人認真思考過自己想經營什麼樣的人脈？

適時剪枝能優化作物，Less is more。

如果農夫經過一陣子的辛勤耕作之後，田裡的作物開始開枝散葉，長得格外的茂密，多數人會覺得特別開心見到自己的努力終於有成。這在表面上看起來似乎是值得欣喜的，但是對農夫來說卻也不見得是「絕對」的好事。因為我們想要的結果是得到豐碩的果實，作物所呈現的狀態卻只是過程中的一環。

如果說作物長得好，也能結實累累，那麼的確值得我們欣喜，但是如果作物的生長過於茂盛而影響了果實未來的收成，那麼就要考慮作出調整。正所謂，有捨才有得。有時候，我們會看到農夫刻意地把高大的果樹截去將近一半以上的枝葉，而且手起刀落毫不戀棧，這對沒有農業概念的局外來看來可能會很可惜，但是，這樣的動作卻是必要的。因為土壤能夠供給的養分有限，如果作物長得過於茂盛，那就代表了枝幹與樹葉吸收掉了大部分的養分。也就是說，高大的樹木並不是結實累累的絕對保證，反而有時候矮小的作物上果實又大又多是有它的道理在的。

植物必須剪枝才能讓養分集中在開花結果的時間點。當我們經營人脈到一定的程度時，也必須經歷這樣的過程。適時剪枝也是一門講究學問的功夫，不是看心情或者感覺來處理的。資深的農夫在進行剪枝的動作之前，都會對植物進行檢視。有的植物不需要過度裁減枝葉，但是必須去除掉患病蟲害的部位以保住根本。

有些植物則是必須要攔腰砍斷，因為經驗告訴農夫這樣的「斷捨離」會帶來更棒的收成，當然不需要遲疑。這看似淺顯易懂的道理置換到我們日常生活的決策中，卻往往有很大的盲點需要突破。許多人會認為，這樣大刀闊斧的刪減，難道不可惜嗎？好不容易找到的人脈誒，花了那麼多時間才經營起來的，哪裡能夠說放手就放手？能！而且也有其必要！

很多人對於已經付出的心力與時間或者是金錢成本會耿耿於懷，認為必須要「回本」才是對的。但是，不管是因為投注心力產生的不甘心，或者是投注金錢的「虧損」，又或因為把時間花在經營上面覺得沒有成果要再加把勁，就算明知道花很多力氣的效果很有限，也想要看到成效。那麼，就陷入了「沉沒成本的謬誤」。

我們知道「成本」是一定的必要的付出，經由努力或者是適當的投資管道，可以「回收」甚至獲益。但是現實中有很多事物的結果並非我們的理想或者想像，為此付出的成本我們就稱為「沉沒成本」。就像衣櫃裡那些不想穿卻堆滿的昂貴衣服，明知已經不適合或者目前的生活用不上，我們還是會因為當初花費的金錢而捨不得拋棄，反而讓他們佔用了許多的空間與居住品質。

又或者是花錢買錯的電影票，就算完全不感興趣，多數人因為已經花錢了，還是會硬著頭皮走進影廳，浪費了更多時間看一部根本不想看的電影，結果反而帶來更多的負效應。講到沉沒成本，最明顯且易懂的例子就是戀愛：戀愛談得越久就越難分手。

這是因為彼此都在對方身上或這段感情上投注了太多的時間、金錢與愛，就算是現在覺得雙方已經無法相處，還是會覺得交往那麼久了，分手很可惜。而這種因為過去的付出而導致對現在的決定所感覺到的

「可惜」，就是受到了沉沒成本的影響。

在經濟學裡，沉沒成本，就是指那些已經付出，不管未來做什麼都無法回收的成本。而沉沒成本效應指人持續努力做一件事、進行消費或追求一個選項，因為他們已經投資了時間、金錢或部分資源在裡面。這是一種普遍的傾向，多數人在進行決策的時候會因為沉沒成本效應的謬誤導致他們會因為已經付出的「成本」，而去做不快樂或者是不值得的事情。

比如說，一對怨偶明知道只要離婚就可以各自解脫，但卻因為已經結婚四十年，彼此在婚姻中已經付出了青春、時間、金錢與心力，就算已經相敬如冰，各自往外發展，也不願做出離婚的決定，仍舊痛苦的生活著，就是抱著沉沒成本不放的典型例子。又比如說，如果說今天公司有一個一億元的執行專案，從開始到現在已經投資了一億元，但是，市場評估過後，這個專案如果要收到成效需要再投資額外的一億，決策者如果覺得已經投資了一億元就此中斷很可惜，決定再加碼，那麼就是受到沉沒成本的左右。之凡認為，抱著沉沒成本不放是一種非理性的思維，要知道付出去的成本就是不會回來了。

沉沒成本對我們的影響力超過想像。不管是商業、愛情、營銷、生活各方面，人們其實很常陷進去裏面而造成更多的損失。之凡建議行銷與人脈經營都必須注意到我們是否被直覺與情緒拉著走。**避險、停損與放手是我們需要練習的**。**理性思維才能確保我們不陷入沉沒成本謬誤產生的漩渦**。記得提醒自己，做任何決定的時候，應該以當下或者是未來的可能性來做決定的評估，而不是過去的投資成本。

成為有記憶點的農夫，讓客戶有需求的時候除了你還是你。

從事保險的業務這麼多，客戶為什麼非你不可？除了專業、除了技術、除了方法，我們還必須有贏過別人的創變思維，以及最重要的：記憶點。你憑什麼讓客戶在有需求的時候想到你，而且除了你，不作第二人考量？

「我和別人不一樣」。所以我才能被看見、被記得、被委以重任。

許多業務夥伴在進行陌生開發的時候，採取問卷的方式。這可能是很多業務員的末日，卻是一條實際到不行的老路，只是問券的製作與設計是需要計畫的，是一條緩慢的路徑。一般業務員做過的，我當然也做過。但是，我發現我們還可以做出與別人不同的「態度」跟「高度」。

比如說，從事業務工作的夥伴為了瞭解客戶，多數會約客戶喝咖啡聊天。喝完咖啡之後，幸運地能夠繼續維持互動，或者就直接相忘江湖。假設今天同樣喝一百杯咖啡，那這一百杯咖啡喝完，我們認識了一百個人，覺得沾沾自喜，這咖啡喝得值得？但是可曾反過來思考，這一百個人是否都記得我們？所以，既然要喝咖啡，我要喝得跟別人不一樣。

所以，我不但跟一百個人喝咖啡，在每一次面談的過程中，銷售觀念、分享自身經歷、傾聽，以培養實力之外，回家之後我還會將這一百個人的故事與喝咖啡的「心得」寫下並分享，喝完一百杯咖啡，我就有了一百個溫暖人心的故事，這樣的互動更顯得真實。我不斷地藉由這種面對面交流的口頭與事後透過文字回饋分享的方式來迅速增加自己的經驗值，而且更容易因為我「多做這一件事」與「和別人不一樣」讓客戶跟自己產生穩定的連結。

所以，喝咖啡對於我來說，就不僅僅只是認識客戶而已，我可以藉此製造動機與見面機會甚至創造形象，簡直就是一鴨三吃。

除了陌生開發，我們也可以透過職場開發來達到八面玲瓏。多數人會忽略或者是不大想碰的職場開發，事實上卻是好處很多。雖然一開始的時候會感覺沒有什麼進展，必須要以動治靜，有招一日等我們成為職域的專家後，增加了我們的形象，就會有源源不絕的轉介紹增加，這時候，我們就只要以靜待動就好了。

飛輪還沒轉動前，就算要轉動一點都要好上很大的精力，但當一直持續下去，有一天飛輪轉動了，我們就不需要再花費任何力氣了。而這飛輪效應是要花時間與努力去催動的。

不管今天我們選擇以什麼樣的方式來拓展與經營人脈，還是必須要回歸到一個重點，就是請成為一個有記憶點的業務。因為打造自己的記憶點與增加自己的專業一樣重要，甚至比認識許多人更重要。我知道跟多少人喝咖啡這件事情可能對於業務來說是重要的，尤其是跟誰喝？更為重要，但是，在喝完咖啡之後，究竟有多少人記得住自己，或者到底是誰記住了自己？我最想要他記住我的那一個人有沒有記住我才是重點。

所以，找到自己和別人不一樣或者是可以和別人不一樣的地方，去不斷強化他。強化自己的記憶點，讓自己的記憶點不斷發酵。比如說，因為我熱衷魔術表演，所以客戶看到魔術就會想到我；又因為我是法學出生的專業背景，所以我的客戶在生活中遇到法律疑難就會想到我，甚至因為我喜歡烹飪，在發起了美食共享社團COOKGETHER之後，我的客戶與朋友有好吃的食材也會想到我，甚至他們會互相推薦與介紹，形成一個往外無限擴張的人脈網。成為有記憶點的農夫吧！**無論是哪一個「記憶點」，只要讓別人一碰到事情就想到你，就是不行銷卻最好的行銷**。我可以，你也可以！

・凡神之超凡錄勝・

★上天對每個人最公平的事就是我們每天所擁有的時間都相同。想要讓有限時間、心力產生最大化的效益，就要必須適時增減與調整經營的分配比重。

★善用時間，不是把每一分每一秒都填滿工作，而是如何不需要把工作填滿生活也能達到我們想要的理想結果。

★人脈經營的斷捨離需要勇氣更需要練習，去蕪存菁才能確保有效人脈。

★沉沒成本不只是成本概念，面對錯誤決策時請勇敢放下。

★理性就像是人類慾望的控制系統，讓人可以做出更加正確的決定。不要習慣讓直覺帶走自己，請讓理性站出來說話。

★找到自己的記憶點，成為有特色的業務員，你記得多少人或許很重要，但是多少人記得你更重要。

★我們想要客戶記得的就是「記憶點」，除了一般業務的「共同點」，我們還必須要有自己的「特色點」。

★永遠多問自己一句：然後呢？我還可以做些什麼讓自己和別人不同？

第五章

有疫無礙的人生

穩固保險中柱必能槓上開花

寫給想要在後疫情時代展開新契機的你：
誰說要擁有儲備金才能享有財富自由？
在有限的條件中更要創造無限的可能性，
不是生在豪門的我們照樣能安居好門人生。
讓我們一起度過所有變動的衝擊，過上自己理想的生活！

當新冠疫情從二〇一九年爆發之後，我們歷經了黑暗的2021年，來到了二〇二二年。當疫情已經是一種日常，甚至我們無法預期疫情有沒有過去的那一天，這種被動等待只會徒然增長焦慮。如果我們必須要跟疫情一起共存，那麼就要找到最舒適的方式。既然無法避免，那就好好面對，焦慮無法帶來更好的結果，但是有意識的調整與計畫可以創造不一樣的人生。

後疫情時代，請先問問自己：

一、我全然準備好了嗎？

二、我的工作模式調整了嗎？

三、我做好超前部署了嗎？

後疫情時代對於原本就已經習慣著一定舒適度生活與工作模式的人

造成了很大的影響，更讓正在就學中與剛要踏出社會的新鮮人惴惴不安。以前受到的教育與建立的思維似乎開始受到了挑戰，甚至很多人開始覺得規劃未來是沒有幫助的，因為現實擺著計畫跟不上變化。但是，之凡要跟大家分享的是與其擔憂未來的不確定性，不如先確第一下自己：「身上具備了多少能賺錢以及具含金量的技能」？疫情癱瘓了這個世界原先運行的模式，也拉緩了節奏，這時候，剛好是一個學習成長與奠定基礎技能的時候。也是一個善用網路創造新機的時代。在後疫情時代，我們要做的不是焦慮跟恐懼而是善用時機：

- 耐心醞釀美好的未來
- 鞏固斜槓撐起中軸
- 專心打造自我品牌

1 在後疫情時代鳴槍起跑

之凡，你為什麼不擔心疫情？

因為我做好了準備與超前部署。

危機不可怕，因為我們永遠可以在危機裡面發現新契機。在一片抱怨什麼都不能做或者很難做的時候，不妨問自己可以做什麼？

我們不得不接受疫情暫不會消失這個事實，所以我們能做的只有轉換腦袋與作法，學習和疫情共存，甚至，在疫情裡建立不同的經營模式。如果原來的方法不能突破疫情的障礙，那就代表我們該升等了。山不轉路轉。

換一種方式，我們依然可以拜訪顧客、開發客源。疫情打亂了原本的市場規則與生活模式，我們等於重新站在起跑點上，在後疫情時代鳴槍起跑，更是要出奇制勝。

疫情來了，我們可以讓這段時間在抱怨與焦慮中白白流走，也可以累積自己的能力與專業、醞釀觀念與人脈、發展斜槓能力、打造自我品牌。疫情真的讓我們什麼都不能做？我們能做的事情比想像的多！**處在危機的我們看到轉機了嗎**？

後疫情時代，我們可以：

- 宅在家釀觀念酒
- 用網路醃人脈泡菜
- 經營不斷炊的開心農場

善用平台放大數字與機會

多數業務夥伴都有業績焦慮，尤其是在疫情打趴一堆行業的現在，有這頓吃卻沒有下一頓飽。對已經從事業務工作很久的人而言，頂多感受到景氣不好的緊縮，但是對初接業務工作的夥伴，可能挫折感會很重。之凡建議，在這個當口與客戶互動請「更」務必要忘記銷售這檔事。不行銷的行銷，才是真正高段的行銷。這也是我常說的：不要急著賣產品，要先賣觀念。

雖然賣觀念不能賺錢，但如果一天賣給十個人，就等於在十個人的心中或腦袋裡埋了種子。之凡剛開始做業務的時候，每天都在找人互動，在業務前期我累積兩年的時間進行非常高密集、高訪量的互動。且每次互動之後，我都會記錄客戶的狀況，並且反思，怎能再進一步？每一個客戶都是一個老師，每一個面談都會是一個機會。就算你的客戶跟你說，「我覺得你超鳥的，要不要再多練一下？」其實，都超好的啊！

為什麼一天要十個人？這是典型的大數法則。**數字有多大，機會就有多大**。我講的做法感覺比較像是釀酒，需要時間去發酵，我們知道不同種類的酒需要熟成的時間不一樣，有的人要一個星期才發酵，有的人在經歷過事件之後才發酵。跑了一個禮拜都沒有成果真的算不了什麼。不管我今天要分享的是觀念或者是時機，如果我每天都在做，那我怎麼會沒有業績呢？有沒有人被我一講就中的？當然一定有！

我每天要求自己跟十個人聊天的習慣一直到現在都沒什麼改變。現在疫情大家不能出門，我就線上關心，而且因為疫情不能拜訪客戶，所以省下了很多的交通時間，這其實正是疫情的「利多」：我不只可以講十個人，我可以講二十個、三十個。哪怕是我戴著口罩出門，我依然是保持著有說有機會的節奏。

疫情，真的是障礙嗎？最近我去東山鴨頭買宵夜時，隨口跟老闆抱怨著防疫保單讓我到現在都還沒吃飯，再順便問老闆：「你防疫保單買了沒？」那一天，我當下就賣了二十張防疫保單。不只東山鴨頭的老闆，前後左右的攤位甚至他們的顧客都跟我買了。

這是不是一講就中？新人沒有什麼訣竅，**把你所以要做的努力都放大**，你怎麼可能會沒有時機？只要**用心接觸，依然可以創造與準客戶之間的連結**。

有做功課人脈的鏈結才能有滋有味

韓國有一句諺語說，「**釀一天的泡菜是不能吃的**。」經營人脈，很像醃泡菜。疫情讓大家在家的時間變多了，可以在線上跟人聊天的時間也變多了，人脈泡菜有更多的機會醃製與熟成。但這不是要大家早安、午安、晚安照三餐問候，我們都知道要對談互動一定要做功課，網路的虛擬面談，更是要做足功課。

話不投機半句多，有很多業務會抱怨疫情讓見面的機會變低了，除了「最近好嗎？」實在想不出破冰的點，但之凡一直覺得**當我們想要一件事就會找方法，不想要多的是藉口**。想想我們每天關在家裡上網，我們ＰＯ文的頻率變高了，別人也是啊！自媒體不只是讓自己曝光的好平台，也是一個做功課的好工具。

準備跟客戶談話前，至少先去看看對方的臉書或者IG發文跟動態，第一，跟客戶的互動可以更深入，第二，客戶可以感受到用心。

事先做功課是讓業務脫穎而出的最好方式。舉個例子來說，幾年前，之凡的一位大客戶，也是這樣聊來的。一開始我並不是有目的性地跟對方聊天，卻拜自己有「做功課」的好習慣，讓客戶很感心。這位客戶當時還不是我的客戶，只是臉書上的一名臉友，那一陣子剛從日本旅行回來，臉書滿滿都是日本的照片，我很興奮地問他，「你也去築地啊？那裡有一間店很好吃。」

當他聽到我這樣說，開始如數家珍地跟我分享了日本的美食店家跟好玩的地方。聊了幾天後，當他發現我從事保險業，過程也都還好，我再切入我的經驗分享，就順理成章。後來，他在成交保單之後跟我分享：他跟我聊天的那天，同時有一個其他保險公司的同仁密他，「最近好嗎？」他看到之後不但沒有很開心，反而很生氣，覺得對方一點也不用心，甚至根本就是不關心。「還問我在幹嘛？難道看不到我剛玩回來嗎？

連功課都不做，真讓人生氣的！」這位同業可能想破頭都不知道自己是怎麼失去一名大客戶的。這次的經驗讓之凡體悟到，**行銷要有溫度，關心要真誠，關鍵在功課要先做**。

一個客戶可能在同一天裡接到十個不同業務的拜訪。尤其是大客戶，業務怎麼可能會放過？但是，同樣是「關心」，業務有沒有做功課對客戶的感受來說差異是很大的。之凡覺得身為業務跟大家互動是天經地義的，想要在客戶心中刷存在感也很ＯＫ，但如果只是一句「最近好嗎？有一個產品很不錯想跟你分享。」這樣就很功利也很機器人。

不要急著開發客戶，更忌諱直接敲鍵盤或複製貼上的制式問候。雖然壽險業打給一百個客戶是一個一個打，但是亂槍打鳥的後果可能得不償失。因為客戶跟客戶之間也是會有聯絡的，我們給客戶的觀感在客戶群間也具有擴大效應。不認真做功課的結果可能是之後電話還沒打或者是訊息還沒傳就輸了。那要怎麼開始聊？先做功課！！！當看到目標客戶貼文去某間餐廳吃飯，我們可以留言：這看起來很好吃！這間餐廳在哪裡之類的，只要你的互動是是健康正常的就好，就保持這樣子「溫度」來聊，一天聊十個，一定有意義的。而且現在網路的運算下，當我們跟客戶的互動越多，客戶就會一直看到我們的信息，為什麼我們不多利用這點，讓媒體替我們行銷呢？

要怎麼收穫先怎麼栽

之凡在第四章花了很大的篇幅跟大家分享保險農業理論的原理與人脈養殖的方法，因為這是讓從事保險夥伴可以保證豐收溫飽的最佳方式。在經濟穩健的時代如此，在疫情當道的年代更是。越是看不見未來，越是要用心經營不斷炊的開心農場。我說的不是網路上的虛擬農場遊戲，我說的是真實人生的農場經濟。

誠實說，之凡有這樣的理論運用與發想要歸功於自己一位務農的客戶。我曾經有一次去拜訪他，看到家的田地分成好幾區塊，種著不一樣的作物，我好奇問他原因，他指著其中一塊田跟我說，這塊田的作物要種很久，再指著另一塊田告訴我，這一塊很快就可以收成，就是因為這樣種，我才可以一年四季都有作物可以吃。

我當下有種被雷打到的感覺。保險的經營不就是同樣的道理嗎？我認為保險也可以分類成可以長期收成的或者是快速收成的產品。比起豆芽菜，大家都想種榴槤，因為可以賣到十倍、二十倍的價錢，但是榴槤什麼時候能結果？可能要六年到七年。難道這六年到七年的時間大家都不用吃飯嗎？你知道豆芽菜多久長出來？恐怕不到一個禮拜就可以了。雖然粗俗，但它仍然是可以吃的啊！很多人看不起車險、產險、旅平險這類產品，但是如果沒有掌握到，可能連豆芽菜都沒有得吃。

在現在的市場，產品多元是一個好處。但是現在大家武器不足，可能只有一把左輪手槍或者步槍給你。在大家都拿手槍的情況下，公司會告訴你某某人很厲害，拿手槍就可以擊敗兩公里以外的人。但那不是你，你就是做不到啊！如果他的目標不是你現在能力所及，那你就一定要先找到自己的豆芽菜。

我以往的經驗裡，在一開始做保險的時候，也做很多的小型的保險，先讓對方成為我的客戶，當客戶知道原來還可以跟你買其他種類的保險，原來你賣這麼多保險的時候，機會就來了。當然旅平險是個打通電話就可以買的東西，但是我會告訴客戶，網路投保很方便，但是一但發生問題，你只能打0800，如果透過我協助與處理，我可以較高效率幫你解決。

客戶一聽，通常都會願意接受與理解，那我手邊就握了很多的豆芽菜，可以幫助我度過小月。在後疫情時期大家幾乎都不能出國的情況下，那我們是不是可以把眼光轉到其他保險？不能出國總得要開車吧！雖然買車的時候都會順便買車險，但是也不一定有專業或長期服務的專責人員，除非服務體驗糟糕，不然買過一次，估計接下來也都會繼續投保。「找到豆芽菜」，接下來就可以慢慢種植像醫療類保險這樣的「小白菜」，誰說保險飽和了？就許多網路上的資料顯示，身分證歸戶後，其實還約四成比例的人沒有投保，這就是機會！

如果大家都是年輕人，討論保險規劃時的時候就可以從財務收支狀況切入。很多人的保險是父母長輩協助安排的，我通常都會詢問對方是否把「薪水」全部交給父母？如果沒有，便再多問一句，「既然你沒有把財務規劃都交給你父母，那你怎麼會把風險管理都交給父母呢？」接下來就可以開始談了。

這種風險槓桿或投資型的保險就像那種需要種很久的植物，在我們開始擁有豆芽的時候就要播種了。只要有機會就要「開口」！這樣「天時、地利、人和」且營養好就長出來了。疫情之下，多數人懶在家發慌。只要肯種、肯找，機會一定比別人多。

很多人看著那塊土地想，怎麼沒長出來？怎麼沒長出來？因為你沒有播種，也沒有計畫啊！我們要計劃性地去進行保險銷售與設計，尤其是大家現在在電腦前的時間那麼多，隔著螢幕也許比起面對面少了一點溫度，但那也代表機會變多了。

你現在羨慕我吃火龍果跟榴槤吃得津津有味，但是如果我前面沒有跟客戶講（播種），現在哪來的榴蓮跟火龍果（成交）可以吃？種菜要方法，地選好了，怎麼長不出來？在疫情時代，越是深諳快樂農場的經營之道，就比別人多一份踏實，少一些擔憂。

發酵是需要時間的，現在是醞釀的最佳時段；種子發芽是需要等待的，現在是耐心播種的最好時機段。Just do it!

・凡神之超凡錄勝・

★數字有多大，機會就有多大。

★用心接觸依然可以有人與人的連結。

★危機不可怕，因為我們永遠可以在危機裡面發現新契機。

★發酵是需要時間的，現在是醞釀的最佳時段；種子發芽是需要等待的，現在是耐心播種的最好時機。Just do it!

2 鞏固斜槓撐起中軸

之凡，你為什麼樂在斜槓？

因為斜槓可以為主軸事業加分。

很多人認識之凡，是因為之凡有很多重的身份。套一句流行的用語，可以稱為「斜槓青年」。我很驕傲地跟大家說，**我其實不只是斜槓，而是超級斜槓**。這一路上有很多人質疑之凡「身兼數職」會模糊了職業焦點，或認為這樣「兼差」會影響自己的既有工作。但我可以堅定的告訴大家，完全不會！而且還大有幫助。因為我很清楚自己想要的是什麼、自己的事業核心最重要的是什麼。所以，不管我發展出多少的斜槓，我的「中軸」永遠是保險。

多數雇傭型公司或主管都並不希望自己的員工「分心」他務，所以禁止同仁「兼差」，但是，我和別人不一樣，身為一個超斜槓的主管，在應徵夥伴的時候，我一定會問：你有什麼興趣或者其他想做的事情？因為我認為斜槓並不「等於」兼差。

我會告訴同仁夥伴，不管我們想要做多少事情都很好，只要記得所有的開展必須以專注保險事業發展為中心，那麼，所有的斜槓能力都會是加分。我相當鼓勵夥伴們除了金融保險之外，要能夠有自己的興趣與喜好甚至其他能力，如果能夠盡量發揮第二專長或者第三專長更好。因為，當我們掌握事業的軸心，那麼，不管做多少事情都不會削弱自己本身的事業，反而能錦上添花、如虎添翼。以之凡自己本身為例，我身為保險經紀公司的業務主管經理，管理著上百人的團隊。也是很多公司的聘任講師、國際認證財務顧問師等等。

同時也在法律事務所聘任保險專業顧問、各媒體節目保險諮詢師，又身兼行銷娛樂公司總經理、咖啡廳的老闆以及活動表演的魔術師。在疫情期間，我甚至開發了自己設計的頂級日本料理服務，突然就當起了廚師。這些洋洋灑灑的超級斜槓事業不但沒有讓我分身乏術，反而因為在適當的配置下，這些斜槓能力，撐起了我保險事業行銷與發展與客戶關係經營的穩固網絡。

- 法律學院培養的素養是客戶信任的建立
- 媒體平台是高端客戶認證你的門檻
- 咖啡廳與餐飲是培養情感的交誼中心

我相信打開這本書的讀者們有很多是跟之凡一樣從事金融保險或相關工作的夥伴，也有更多是從事其他事業的朋友，但我想我要傳遞的觀念都是一樣的：所有的斜槓都應該是圍繞著「本業核心」發展，甚至成為讓本業更為壯大的支持網絡。多元能力將是我們在後疫情時代衝刺的最大助力。在這邊，之凡將分享自己的斜槓事業與背後的信念，替大家先打好強心針。

用斜槓把單槓架穩

「念法律的人怎麼會來做保險？」

「就是因為念了法律，更讓我堅定保險規劃是很重要的。」

誠如大家所知，之凡是法學院出身的，所以有一定深厚的法律素養與知識。但之凡並沒有往律師一途發展，而是一腳踏入金融保險業，這其實也跟過去的法律背景有很大的關係。我在從事司法替代役時期意外發現有很多訴訟的卷宗上面寫著「保」字，初入社會前的我非常訝異有那麼多人在保險方面遇到爭議與案件。我覺得學法律的我如果有機會從事金融保險業務，一定可以用我本身的專業或經驗來幫助到更多需要幫助的人。

法律的涵養同時在拓展人脈方面也給了很多的幫助。平日我會盡量運用所學的法律專業傾聽朋友遭遇的困難，讓他們在處理詐騙、車禍相關案件時，可以做足一些事前功課與準備，並找到專業的律師與事務所進行相關法律事務。

當有越來越多朋友與我分享案件遭遇或陪伴時，便可以慢慢地將我過去法律學習到的知識能力展現出，也突顯個人在金融保險上的人設特色。當我將自己的特長變得鮮明之後，朋友或準客戶間也會產生更多的信任感跟互動。

很多時候，許多人想贈送謝禮或包紅包等作為回報，但我的身分畢竟跟執業律師是不同的，並不適合在法律事務上收取報酬，我常笑著說，都只是舉口之勞，或許你可以請我喝杯咖啡。這杯咖啡就讓我得到了很多互動的機會，我跟很多人分享過，每當我幫助過超過五個人之後往往就會有一個成交的客戶誕生。我覺得在這個社會，利他就是利己。我不是為了成交而協助他人，但幫助不但可以讓這個社會更好，也真的讓我有了更多的機會。

要得到之前真的必須先給予。當我們有能力給予，我們自然就會有相應的獲得。如果「只想要得到」而去做，往往徒勞無功。客戶與朋友們的眼睛是雪亮的，來者有沒有心也是看得出來的。在我以助人為前提的互動下，我開始變成客戶的全方位顧問。有人會問專業的相關文件怎麼寫，也有人會有財風險管理的需求，於是我成了財務顧問、保險顧問、甚至是客戶生活的顧問。很多客戶遇到問題都會來問我，甚至有人會打電話來問我貓咪的貓砂要換哪一種比較好。我在網路平台上甚至建立了一個「有事問凡神就會得到答案」的形象。之凡有感各種專業在金融保險方面的幫助，第一個是人脈的提升，第二個是高端客戶的開發。

很多人會質疑之凡只是個年輕人，更不是實務上執業的律師，怎麼可以得到這麼多人的信任與支持？我可以很自信地說，全都是因為「經驗」。

如果之凡真的沒有遇過客戶所提問的類似情況，那我就會跟客戶說，「我也不清楚，但我陪你一起解決，我也可以學習。」之凡一直有一個處事的堅定信念：**先不思考賺錢，先思考怎麼解決問題**。當我的客戶遇到問題，我可以協助他找到適合的律師，我也可以幫他融會貫通看懂條文。

有很多民眾感覺執業的律師或許高高在上很難溝通，而律師們其實也稍微冤枉，民眾如果沒有篩選恐怕更難溝通，所以我想成為一個有溫度的翻譯，陪著我的客戶或朋友們順利解決問題。自然客戶因此對我產生了高度的信任，當他們知道我在做金融相關業務的時候，就因為先前建立的信任，而放心地交付給我規劃。

我所抱有的專業知識也在開發客戶上做了最佳的助攻。有次我去看一位非常有名的中醫師，他收取的診療費相當昂貴，但診所依然熱門。老醫生都只給一位病患十五分鐘的看診時間。我心想，哇　！他應該是個非常值得經營的大前輩。

好想認識他！在第一次見面的時候，總免不了聊幾句背景、知道一下生活習慣跟身體狀況。他問我，「你做金融，你做哪一塊？」我回答他，「我的專業是幫忙中高資產客戶做合法合理的稅務傳承與財務顧問，如果您有任何疑慮都可以來問我。」我話一說完，他眼睛就亮了。「所以你對稅務有比較瞭解嗎？」我點點頭，「不過我習慣上比較注重隱私，所以沒有辦法跟你分享客戶的案例，除非您有比較明確的案件問題。」我講完這兩句話，我的看診時間就自動延長到五十分鐘。其中，醫生幫我看診二十分鐘，其他時間則換成「我幫他看診」。

雖然他還是收了所費不貲的費用，但是他後來希望我以後十點再來看診。護士提醒他看診時間只到九點半。醫生笑著說，「我知道，不然我怎麼有辦法跟他聊！」於是我每次等醫生下班時間才「看診」，一聊都一、兩個小時，當他遇到了稅務上的問題時，我將我的經驗與他分享，並且略為提供一些想法，幫他省下了不少的支出。於是，後來的後來就可以留給大家想像了。

保險公司業務員常遇到最大的問題是「人脈」。之凡可以這樣累積與拓展人脈並不是因為「運氣好」，更不是因為念法律，所以比一般人有優勢。之凡建議年輕族群或者是普通的上班族，在思考工作之餘，或許也能思考一下自己有什麼和別人不一樣的地方，以及如何把自己「本身的能力或興趣」變成助力。

如果是工程師背景的人，那在理論跟精算能力上都會比別人來得強，為什麼不能結合起來讓自己的本業加分？雖然疫情讓大家很焦慮，但在情緒不安的氛圍下，我們要做的不是窮緊張，而是應該先靜下來盤點自己的能力，思考自己能做些什麼為自己加分或加薪。

創造價值與機會鏈結

行銷娛樂這一塊是我很後面才開始的。自媒體的發達造就了很多的素人明星，有很多歌手都很年輕，也都不懂社會的險惡跟合約的細節。偶然間的機會，之凡遇到一些網紅、網路歌手或表演者發生一些合約的糾紛。由於我有法律專業的底子再加上過去豐富的表演演出經驗，也算很清楚合約雙方會面臨什麼樣的問題與困難、合約會有哪些不盡公平之處，甚至是不合理的地方，於是在我發現之後趕快協助他們處理。常常很多比較老江湖的經紀公司或者是合約方在發生糾紛的時候，往往就是一句「大家都這樣」或者「我是老闆」就把不懂遊戲規則的表演者壓得死死的。開口閉口就是違約金幾千萬，一般人聽到這樣龐大的金額嚇都嚇傻了，還聽過有真的傻傻地揹債還錢的。

其實這樣的情況，有許多都是很不合理的，但說真的，有誰懂？當我看到束手無策的表演者時，心想怎麼沒有一個人身為表演者又理解法律精神或概念的人可以去幫助他們？一轉念，我不正就是這樣的人嗎？那時候的使命感讓我勇於協助這些表演者處理與面對業界不合理卻不成文的「大家都這樣」。

所以，依然是因為法律的敏感度跟金融保險結合，我的觸角開始擴及到娛樂相關領域。之凡成為行銷娛樂公司的總經理，起於幫助一些表演者解決合約上遇到的困境，後來，越來越多的表演者或者相關人士在遇到經紀、行銷問題都來詢問我的想法，我毅然決定擔任他們的經紀角色讓他們可以免於被剝削或面臨困境。就這樣一步一步用自己的法律所學、財經以及風險管理專業協助需要的人處理各項合法稅務及財務問題，到最後成立公司成為協槓人生的又一個部分。

這看似紅火地發展出另一番事業，但我並沒有因為這樣而立刻擴大經營。我很清楚我要的是什麼，我要的不是公司的頭銜與這類型的收入，我希望在幫助人的前提下，拓展本身在金融事業上的人脈。正因為所有的客戶聯繫與活動都要我去處理，所以無形間我的人脈也開始爆炸般的拓展，這其實是挨家挨戶拜訪很難達成的。

要敲開一間上市櫃公司老闆的門有多不容易，跑過業務的夥伴一定都懂。行銷娛樂公司的經驗讓我觀察到了網路「陪伴經濟」背後的龐大機會。因為疫情的關係，大家減少了出門的機會，增加了停留在網路上的時間。疫情時代有多少人狂停留在網路的世界裡，可能打開書的你也是直播世界的常客，但我們在直播間得到歡樂與排遣寂寞之餘，還能創造什麼？曾經有一個工程師朋友告訴我，因為疫情的關係，他一個人在國外工作，無法返台，於是就打開直播聽聽大家說中文、華文，以解解思鄉之情，三不五時花個幾百元打賞。

也有另一位董事長級的客戶跟我說，因為疫情影響了公司的業績，他心裡覺得很煩，不想花錢出們應酬，就索性打開直播跟人家聊聊天，讓日子開心點，當然他也打賞。

當我問他在直播間為何可以支持這麼多時，他回我，「兩百萬很多嗎？」甚至有一次我發現某個直播裡，主播唱完一首歌之後，單一粉絲就打賞了一百萬台幣，這嚇壞所有寶寶了。後來有機會知道這個粉絲，才知道對方是個國外的富豪，「在台灣，打賞一百萬會上新聞吧！」沒想到他認為，「才一百萬要寫什麼新聞啊？很多嗎？」我才知道對方一年的收入是以百億為計，若換算成台幣，那一次丟出來的一百萬元對他來講或許真的只是丟個五十元零錢而已。

如果這還不是潛在 VVIP 超級大客戶，那誰會是呢？如果沒有發展出行銷娛樂公司這個斜槓身份，又哪來的機會觸碰到這樣高層級的客戶？於是我花了一些時間在行銷娛樂這塊用心運作粉絲經營的工作細節，也從這邊收穫了不少成績單。這是不是一種人脈的擴展？當然是！

機會就在那裡，願不願意抓住而已！

創造共同語言勝過萬語千言

美食是沒有國界的語言。因為人口結構，單身與獨居的人越來越多，所以有了 EATGETHER（揪團一起用餐或餐與活動）這樣的 APP 出現，大家藉由軟體相約吃飯，也很多人因此拓展了不同的交友圈。這讓我有了一個靈感，想要將一起享受美食的好朋友進化成「一起下廚做飯」的朋友。當然這一方面也是因為虎媽從小建立我烹飪的長才，身為「食尚青年」的我便發起了 COOKGETER 的活動。

我租借了可以容納十個人的烹飪教室，讓大家定期來煮飯分享美食。當然一個廚房不可能十個人都在煮飯，不會煮飯的人，可以打個二手，也可以負責帶酒或帶食材來或幫忙佈置餐桌。美食、美酒與歡樂的氛圍下，甚至不用說一句話，也能和大家打成一片，認識朋友是種自然而然的水到渠成。

甚至這樣的活動辦到最後，開始有節目聯繫之凡想做專訪跟邀約活動。所以，又是一種不一樣的人脈拓展。近期，我斜槓了 COOKGETER 烹飪教室的主講，於是，我把人脈又拓展到了南台灣。我需不需要口才很好才能經營保險事業？我需不需要一直講保險才能經營保險？答案其實是很清楚的。

我從法律的道路跳到金融保險業，也曾受到很大的攻擊與質疑。但真的就是因為有法學院的學習薰陶，我才有這麼多的條款理解分析能力。那麼，為什麼我不可以把這兩個加在一起呢？至於我一直都有興趣的魔術，一路走來也讓在自己的領域小有名氣，在其中學到的行銷技法與客戶應對，為什麼不能運用在我的保險事業上呢？

我一直希望讓大家理解，各種專業是可以橫向或直向疊加擴展的。我現在有的所有身份都是圍繞著我的核心事業在走，我擁有各種專業顧問的身份與頭銜，我常玩笑地跟客戶說，**「我會顧好你，給你問！」這就是專業的顧問！**再加上媒體相關形象的延伸，這一切都讓我的金融相關業務拓展如虎添翼。

我必須一再重申，之凡並不是鼓勵大家「兼職」，而是鼓勵大家應該**去多元的學習能力，然後理解到有沒有另一個專業可以讓你的本業更**

好，這就是一加一大於N的體現。許多公司不喜歡員工或夥伴斜槓，是因為怕他們分心。但如果我們能找到一個經營跟創造客戶的方式，我想沒有公司會抗拒自己的員工自己建蓋魚池。沒錯，斜槓就像蓋魚池，而兼差卻是到處亂撒網。

如果拋開本業去做其他公司，這當然不行！斜槓是找到多元的專業與收入去支持我們本業的成長，而非單純地說一個人可以身兼數職。對我來說，**斜槓是一種有意的不限制**。因為我從來就不想給自己一個框架，所以我的斜槓是一種「自然演變」的結果。之凡有百分之九十的收入還是來自於金融本業。因此建議所有的夥伴，在學習的路上，很多東西我們不可能概括全收，我們還是必須要有意地去過濾跟留下部分斜槓發展，一定要為自己所堅持的本業而發展。因為**斜槓是用來加分的**。而要怎麼加分，要加多少分，都是我們可以選擇的。如果有選擇障礙，那請記得問問自己，做了這件事，是否能夠發揮一加一大於二的效益，如果是，那就去做，如果一加一小於二，那就要果斷放下。總而言之，**斜槓一定要有核心精神，沒有核心精神就會迷失自己**。如果用牌卡來形容，那之凡手中最主要的牌就是金融保險，斜槓就是其他的牌卡，所有的斜槓魔法卡，都是為了完成這場牌局的勝利。

•凡神之超凡錄勝•

★不思考賺錢，先思考怎麼解決問題。

★利他就是利己，要得到之前先給予。

★用斜槓把單槓架穩，斜槓是用來加分的。

★斜槓是一種有意的不限制，去多元的學習，然後理解到另一個專業可以讓本業更好，這就是一加一大於N的體現。

★斜槓一定要有核心精神，沒有核心精神就會迷失自己。

★機會就在那裡，願不願意抓住而已！

3 疫起打造品牌

你好，我是凡神。
你想知道什麼都可以問我，我會盡其所能回答你。
如果我不知道的，我一定會幫你找出答案。

雖然無心插柳，但我感恩「凡神」終究成了一個品牌或形象。

之凡相信，翻開這本書的你，或許想知道之凡經營保險的心法與技巧，或許單純對之凡好奇，但不管是不是金融上的同業或是其他行業，我們都是這世界上獨特的存在。之凡從小就覺得自己和別人不一樣，對我來說，我**寧當一個特有的個人品牌，也不當看起來都一樣的量產名牌**。

無論我們選擇什麼樣的人生與職業，在後疫情時代我們都必須：

- 清楚自己的品牌價值
- 知道自己為何奮鬥
- 掌握自己的核心價值

品牌比名牌有價值

我不以造「神」自居，但「凡神」還是成了封號。

一開始「凡神」是許多朋友在網路上對我的暱稱，因為我建立了「無所不答、無所不能」的形象人設，讓我在網路上建立了超高的信任度。當然，我不是神，我不可能什麼都知道，但是我可以問，可以查，我可以學。**我的初心只有一個：幫助他人解決問題。不管我斜槓多少身份，有多少張名片，「凡神」這個招牌始終跟著我，一路創造出價值**。

在我發展斜槓事業之前，我會先思考怎樣可以跟本業鏈結又能夠幫助到人。就像我新的斜槓是一間咖啡廳的老闆，這並不是因為我有浪漫咖啡夢或是高超的咖啡師技巧，我的起心動念是因為想幫助朋友，所以盤下他的店，同時也期盼成為別人的伯樂，幫助努力優秀又認真的咖啡師營建舞台。

這不僅可以豐富自己的經歷，我更希望我的咖啡廳也會是一個提供溫暖的小所在，而我的保險業務夥伴或客戶還可以因此有一個「專屬」的交流天地。咖啡廳還有一些可愛的小細節，比如說：老闆是金融保險背景，所以拿保險名片來喝咖啡可以附贈小點心，又比如，我的咖啡廳會提供簽約用品，以便業務員簽約需要時可使用。我希望我的咖啡廳能讓業務員或客戶都有一個家的感覺，可以互相加分，或許也許哪天還可以招募到我想要的業務員。

這跟我的「凡神」品牌有什麼關係？最近，凡神從虛擬世界走到現實人間。我的咖啡廳還設計出「凡神」濾包咖啡，不但可以販售，更可以將禮盒變成年節送客戶的心意。讓自己的咖啡事業與保險事業共好，我相信，從凡神手上接過凡神咖啡的感覺是與眾不同的。

疫情吃緊的時候，無法外食，不僅自己的咖啡廳必須歇業，好的料理更是有錢也吃不到，也我也因此發展出凡神頂級日本料理外送服務。雖然是外送，但也十分講究，從食材到包裝都嚴選細挑，我甚至訂做了一個烙鐵，在玉子燒上標示「凡神」出品。

一開始我進口頂級食材送給高端客戶試吃，除了解大家對美食的饞也創造了聯繫的機會，後來一客千元以上的料理外送，常常供不應求，打趣的是，有一回我的朋友跟我說要「退貨」，我當下很緊張，以為是自己的作品出了什麼問題，後來他回答我，「**沒有凡神的玉子燒只是普通的玉子燒。沒有凡神兩個字，這便當作品我不要！**」那時候我才發現，對我的客戶而言「凡神」這兩個字的價值，超越了一切。這是我收到最好的肯定與回饋。

有了守護就有使命

當業務辛不辛苦？很辛苦！很多人看到業務可以吃香喝辣，穿名牌、開跑車，有的年紀輕輕就可以買豪宅，所以，很想投入這一行。之凡認為，業務是一種可以創造無限可能的工作，但是，他也有他必須面對的付出。我無法在這邊分享自己微不足道的血淚史，因為每一行都有他不為人知的辛苦。但我想要跟大家說的是，**每天喚醒我們的不一定是鬧鐘，但一定是自己努力的理由**，每個人心中都有想要守護的人、事、物。去找出來！因為那就是支持自己咬牙往前的動力與火花。

之凡在這樣的年紀能有目前的事業的確讓很多人羨慕，我大概開始工作兩年之後，我就覺得我自己「好像」成功了。如果要說我跟一般年輕人最大的不同，我想是很多年輕人在有錢之後，不是買車就是買房，但我放棄了一個年輕人賺到錢之後馬上會得到的體驗跟購買的東西，大概三年才開始過我自己的生活。

這些支出我當然負擔得起，但是我堅持**先做好該做的事，再去做想做的事**。我曾經跟我家的虎媽說，如果我是個很普通的人，我可能早就買保時捷了。我的話裡並沒有抱怨，我其實是充滿感激的。因為如果沒有前面虎媽對我的養成也就不會有後面的我，所以，我的人生目標先要以完成我媽媽的目標為優先。

我母親很特別，她的人生目標是，想要去日本留學。所以，雖然我贊助自己的妹妹出國增加視野，但我第一個送出國留學的，正是我的母親。我家是以爸爸為尊，但是靠媽媽做主的家庭，所以她相當操勞，就在她未退休之前，就像是像收集寶可夢圖鑑一樣，各種麻煩且惱人的疾病症都接近臨界值，集好集滿，幾乎整個身體都快崩壞掉。

當母親跟我說，她人生中真的希望去北海道留學，我二話不說就答應了。我當然知道語言能力已經是 N1 等級的母親想去唸語言學校只是一個說法，但是我只問「自己有沒有能力做到？」可以！送！媽媽出國後，每個月我們家都派一個代表去日本陪她，沒曾想過的奇蹟是，留學結束之後，母親身上的腫瘤神奇地大幅變小，你們覺得這筆錢費用與成本值不值得呢？當然值得！我母親有一次跟我說，她從來沒有離開過亞洲。於是帶她到歐洲旅行，又成為我後面為她完成的目標。說到這，我很慶幸選擇金融保險這項事業，除了保險，有什麼工作可以讓我一次休息半個月陪伴家人出國？

「要讓我的家人過上好的生活」的念頭就是之凡每一天醒來的鬧鐘。之凡的家庭關係是相當緊密的，身為老大的我，還有兩個各自相差六歲的妹妹，在出社會之後，我肩負起了經濟支柱的角色，照顧家人也支柱妹妹們的教育學習。

擔子不能說不重，但是，安頓好家人，我才更能全心往前衝。於是，之凡賺到錢第一件事並不是拿來滿足自己的物質，而是選擇將收入投入到自己的原生家庭中，如果我不這樣做，我想我沒辦法達成自己對原生家庭的期待目標。因為我父母用同樣的心在對自己的父母，而我們從小到大耳濡目染之下，自然覺得家庭是最重要的。

當之凡從事金融保險事業之後看到了很多的「來不及」。於是我開始安排全家一起出國的旅行，負擔了讓全家一起去東京的費用，雖然所費不貲，但是對我來說，回憶真的無價。我父親曾經說，有一次家裡阿公說要拍全家福，他因為價錢而猶豫，結果，阿公不久就走了，這成了他人生中的遺憾。

所以當我爸爸說想拍一張全家福時候，我跟妹妹馬上說，「走吧！」全家去拍沙龍照，雖然對節儉的我們來說是額外開支，但是真的值得，我們留下了很好的回憶。誠實說，賺錢是手段而不是目的，最重要的是，這些錢要拿來做什麼？

對我來說，是贊助妹妹出國，是買一台安全的子車給父親、是完成了母親到北海道留學的心願。每一天，我都想著可以做什麼讓我的家人更好，想起家人開心的笑容，再辛苦都是值得的。我把我的心力都投注在我的家人身上，這些對我來說並不是「放棄」。很多事是一體兩面的，我也有很多的獲得，車子跟房子以後要買都會有，所以，我選擇買一個以後買不到的東西。

所謂的圓滿家庭不是與生俱來的，**一定要苦心經營**。我父親在工作的過程中也因為家庭而放棄很多，這是讓我家很完整的關鍵。我坦承放棄了很多，但我也獲得了很多。對投身業務的我們而言，找到自己奮鬥的點，是一種必須。我父母都在背後默默支持，他們只是會擔心我的身體。同樣地，之凡也提醒大家，好好照顧自己，**要先有自己這個「一」，才能創造後面無數的「○」**。

你的下一個一百在哪裡？

機會不是等來的，**是創造出來的**。很多人跟業務喝咖啡，喝完就沒了。**我想的和大家不一樣**，在前面章節有討論過的概念，我一直在想，既然要喝咖啡，我可以做什麼跟人家不一樣的事？於是，跟一百人喝咖啡，有了一百杯咖啡的故事。

再我一開始從事壽險業務的工作，又不想要墨守成規的單純找人銷售。於是我在網路或朋友之間表達希望能「跟一百個朋友喝咖啡聊天」的想法。同時，說明希望跟我一起喝咖啡的朋友在互動過程中除了分享彼此的故事理念外，給我一些建議或批評指教，更期待大家能給我一些我事業想法上的幫助，藉由這杯咖啡，還可以啟發很多我所不知道的事情。

最後請大家陪我一起完成這「一百杯咖啡計畫」。每跟一位朋友喝完咖啡，我都會寫下紀錄下對方的故事，我通常會在開頭標注：這是第二十三杯咖啡。故事可以很有趣，也可以很感人。就這樣，很快地，會有人主動跟我分享意願，或者是私下與我聯繫，那「我可以成為第二十四杯嗎？」後來，那一陣子很多人仿效，於是我把一百杯咖啡，進化的改成「一百種職業的對話」。甚至我會特意徵求護理師、修飛機的人等等。我會去聊挫折與工作經驗，甚至在後來把它變成一系列的課程，擔任講師上了兩年，每一堂課，我搭配一個人一起來上這堂課，或是我跟他的對談，讓他來分享他的職業。為什麼我們要了解一百個工作？作為業務當然要對所有的職業都要了解。

假如今天有一個護理師坐在我面前，我只要知道他上什麼班，就可以知道收入、預算規劃會落在哪，我只要知道對方從事哪一方面的工作，我就可以知道他們缺的是什麼，然後為他們規劃最適合與最需要的。這不只可以做金融保險，還可以增進招募的效果。後來附加效益就是我的朋友找工作的時都會來詢問我意見。我變成他們的人力銀行職業諮詢中心。這樣是不又增加了別人來找我的邏輯？於是，就這樣，我不只面談了一百個人，也建立了自己的資源網絡。

疫情沒有辦法跑業務？新人沒有人脈很辛苦？**只要你想做，方法總是有；只要你無心，藉口也不會少**。一百杯咖啡、一百個職業，你的下一個一百在哪？如果不喝咖啡？沒關係，我們可以喝茶。不想以職業為主，那可以聊一百種做菜的方法。

甚至一百種植物、一百座山，一百本書都好。不管聊什麼，都會有人願意分享，我們都可以因此觸碰到不同領域的人，誰說疫情就沒有辦法？**一旦你願意開始改變，永遠會領先不開始的那個你一步**。永遠相信自己，可以打造自己的品牌，創造一片天！

·凡神之超凡錄勝·

★寧當一個特有的個人品牌，也不當看起來都一樣的量產名牌。

★沒有凡神的玉子燒只是普通的玉子燒。

★先做好該做的事，再去做想做的事

★謂的圓滿家庭不是與生俱來的，一定要苦心經營。

★機會不是等來的，是創造出來的。

★只要你想做，方法總是有；只要你無心，藉口也不會少。

★一旦你願意開始改變，永遠會領先不開始的那個你一步

企管銷售 52

富貴險中求

斜槓核心的價值競爭力

・作者　陳之凡
・主編　彭寶彬
・美術設計　張峻榤 ajhome0612@gmail.com

・發行人　彭寶彬
・出版者　誌成文化有限公司
116 台北市木新路三段 232 巷 45 弄 3 號 1 樓
電話：（02）2938-1078 傳真：（02）2937-8506
台北富邦銀行 木柵分行（012）
帳號：321-102-111142
戶名：誌成文化有限公司

・總經銷　采舍國際有限公司 www.silkbook.com 新絲路網路書店

・出版 / 2022 年 4 月 初版一刷
・ISBN / 978-986-99302-9-1(平裝)

・定價 / 新台幣 300 元

國家圖書館出版品預行編目（CIP）資料

富貴險中求：斜槓核心的價值競爭力 / 陳之凡著 . -- 臺北市：
誌成文化有限公司 , 2022.05
264 面；148*210 公分 . --（企管銷售；52)
ISBN 978-986-99302-9-1(平裝)
1.CST: 成功法

177.2　　111005590